SAVOIR-FAIRE

Teacher's Book

Savoir-Faire

An Advanced French Course

Teacher's Book

Catrine Carpenter

and

Elspeth Broady

Consultant editor: Sarah Butler

London and New York

First published 2000 by Routledge
11 New Fetter Lane, London EC4P 4EE

Simultaneously published in the USA and Canada
by Routledge
29 West 35th Street, New York, NY 10001

Routledge is an imprint of the Taylor & Francis Group

Typeset in Goudy and Gill Sans by Keystroke, Jacaranda Lodge, Wolverhampton
Printed and bound in Great Britain by TJ International Ltd, Padstow, Cornwall

British Library Cataloguing in Publication Data
A catalogue record for this book is available from the British Library

Library of Congress Cataloguing in Publication Data
A catalogue record for this book has been requested

ISBN 0–415–13089–1
0–415–13090–5 (Student's book)
0–415–15312–3 (Cassettes)

CONTENTS

MAP OF SAVOIR-FAIRE

	Section 1 Écoute	Section 2 Découvrir	Section 3 Lecture	Section 4 Écoute	Section 5 Grammaire	Section 6 Stratégies	Section 7 Écoute	Section 8 Savoir-Faire
1 L'écrit et l'oral	Micro-campus: les villes	Différents types de textes Extraits de textes	'Faut-il fuir Paris?' Témoignages	Un jeune Stéphanois parle de sa ville	La construction de la phrase I	Savoir lire 'Faut-il fuir Paris?'	Interview: images de Paris	Faire des interviews Rédiger un article
2 La presse et les actualités	Interview: la presse en France	Le journal Chapeaux	La presse quotidienne en crise	Interview: le métier de journaliste	La construction de la phrase II	Savoir réviser un texte	Le journal de France inter	Rédiger un article Éditer un journal
3 L'exposé écrit et oral	Micro-campus: faire un exposé	L'exposé Internet: un casse-tête pour les États	Internet: un précurseur de réseau d'autoroutes	Exposé: l'essor des nouvelles télécommunications	Le système des pronoms	Savoir intéresser son auditoire	Reportage: la voiture électrique	Faire un exposé
4 L'interprétation et la traduction	Interview: le métier d'interprète	L'interprétation L'union politique est-elle possible? Les institutions-clés de la CE	La montée vers Bruxelles de Jacques Santer	Interview avec Jacques Santer	Les articles	Savoir traduire La cuisine anglaise sur le gril	Chronique: la visite de Jacques Chirac en Grande Bretagne	Préparer un dossier de traductions Interpréter
5 Écrire un récit et savoir le lire	Micro-campus: lire pour son plaisir	Les procédés narratifs Débuts et fins de romans	Vendredi ou la vie sauvage	Interview avec Michel Tournier	Les temps du passé; la forme en ant	Savoir lire à haute voix	Récit: Le Petit Prince	Rédiger un récit Lire un récit devant un auditoire
6 L'enquête: interviews et questionnaires	Micro-campus: attitudes des jeunes	L'enquête Les Français et la politique	Interview avec J. Mossuz-Lavau: les Français et la politique**	Le questionnaire de Balladur *	Les questions	Savoir rapporter et commenter Courrier de star Au hit-parade des préoccupations ...	Sondage: valeurs et sports	Mener une enquête Écrire un rapport
7 Du gag au scénario	Micro-campus: l'humour	L'humour Des blagues Le Chat Les Frustrés	Vive le rire-plaisir Sketch de Raymond Devos**	Les Apprentis*	Les verbes pronominaux Faire + infinitif	Savoir écrire des indications scéniques	Comptes-rendus de films*	Rédiger un compte-rendu de film Rédiger un scénario
8 Lettre à la presse et débat	Le téléphone sonne: droits des femmes	L'argumentation Extraits du courrier des lecteurs	Femmes et politique	Débat: la parité en politique	Le subjonctif I Le conditionnel	Savoir débattre	Taslima face aux filles voilées *	Mener un débat Rédiger une lettre à la presse
9 Le CV et l'entretien	Micro-campus: l'expérience professionnelle	Les démarches nécessaires pour décrocher un emploi Lettres de candidature CV	Votre CV vu à la loupe	Interview avec une conseillère d'orientation	Le subjonctif 2	Savoir se préparer à un entretien	Entretien professionnel	Rédiger une lettre de candidature spontanée Passer un entretien
10 La table ronde et le rapport	Le téléphone sonne: l'exclusion	La table ronde Le dossier d'information	L'insertion en campagne	Table ronde: vaincre l'exclusion	Les auxiliaires de mode Le conditionnel passé L'expression de la quantité	Savoir intervenir	Le rôle majeur des institutions dans la solidarité *	Organiser une table ronde Écrire un rapport

* Dans les chapitres 6, 7, 8 et 10, certaines sections 'écoute' sont consacrées à un passage de lecture.
** Dans les chapitres 6 et 7, la section 'lecture' est consacrée à un enregistrement audio.

Introduction

Welcome to *Savoir-Faire*

Savoir-Faire has been designed for first-year post-A-level students in higher education, but with its emphasis on transferable skills, it can successfully be adapted for use with second- and final-year students.

Savoir-Faire focuses on communication skills through the performance of tasks, such as reading articles, writing reports and summaries, translating and interpreting, making presentations and participating in discussions. We believe these are among the 'transferable skills' that graduates will need in order to use their French professionally.

Equally important to future language professionals are group-work and independent learning skills. Activities in *Savoir-Faire* involve research and preparation outside class and use the classroom primarily for group discussion and review. Students are encouraged to plan tasks carefully, organise collaboration with others, and evaluate problems and solutions. Thus students attend not just to the product of their learning, but also to the process.

How is *Savoir-Faire* organised?

Savoir-Faire consists of 10 chapters, each dealing with a distinct topic and set of skills. In each chapter, students complete a project, specified in the SAVOIR-FAIRE section. Each chapter provides work for a minimum of 4 × 2-hour classes, plus 4 × up to 3 hours of self-study. The same 8 sections constitute each chapter:

1 ÉCOUTE	**5 GRAMMAIRE**
aural comprehension activities	reflection activities, explanations and
À VOUS 1: oral or written production	exercises
2 DÉCOUVRIR	**6 STRATÉGIES**
understanding a language task	identifying, practising and evaluating
exploring the structure of language use	strategies
	À VOUS 4: oral or written production
3 LECTURE	**7 ÉCOUTE**
reading comprehension activities	aural comprehension activities
À VOUS 2: oral or written production	À VOUS 5: oral or written production
4 ÉCOUTE	**8 SAVOIR-FAIRE**
aural comprehension activities	final project (oral and written
À VOUS 3: oral or written production	production)

Comprehension: authentic audio recordings and printed texts

The typical sequence of exercises in the ÉCOUTE and LECTURE sections is:

▷ Avant de lire/d'écouter
  questions about the topic; previewing of key expressions or vocabulary difficulties.
▷ Idées
  questions focusing on the content of the passage and its interpretation.
▷ Mots et expressions
  exercises on useful or unusual vocabulary.
▷ Structures
  exercises on grammar points illustrated in the passage.

Some sections also include exercises under the following headings:

▷ Commentaires
  reaction to, or evaluation of, the ideas contained in the passage.
▷ Analyse
  more detailed exploration of text structure and organisation.

Authentic audio recordings: 3 × C60 cassettes

The audio cassettes provide radio extracts from *France inter* and specially recorded discussions with the same six young native French speakers (Didier, Édith, Marie, Jocelyne, Yves and the interviewer, Hubert). A variety of francophone accents are heard.

The first audio recording in each chapter familiarises students with the topic. Those entitled *Micro-campus* are relaxed discussions with up to five participants, illustrating the spontaneous spoken French of articulate young people. Since most of the audio recordings last 5–8 minutes, we suggest they are exploited either on a self-access basis or in a language laboratory.

Skills, strategies and production

▷ DÉCOUVRIR
  In the DÉCOUVRIR section, students reflect on how different tasks are structured, so as to tackle them more effectively. The STRATÉGIES section provides further practice and evaluation.

▷ **À VOUS**

There are between four and six À VOUS sections in each chapter, providing opportunities for practising productive skills that are involved in the SAVOIR-FAIRE project.

▷ **SAVOIR-FAIRE**

The final SAVOIR-FAIRE section specifies projects which exploit the skills and language resources studied. All projects require preparation outside class, leading to some kind of written or oral presentation, often in groups.

Grammar

Grammatical competence is addressed at different levels in *Savoir-Faire*:

▷ **STRUCTURES**

In the ÉCOUTE and LECTURE sections, key grammatical structures from the texts are highlighted under the heading STRUCTURES and practice is provided.

▷ **GRAMMAIRE**

This section in the middle of each chapter explores how a particular area of French grammar works. Most of the examples used come from the written and audio texts, so students can check the context of usage. These sections have been designed for self-study. French grammatical terms such as *proposition subordonnée*, *antécédent* and *complément d'objet* are used throughout. A glossary is provided at the end of the Student's Book.

▷ **INTRODUCTION**

Basic areas of morphology such as the conjugation of verbs and noun/adjective endings are addressed in the INTRODUCTION, where students can test their accuracy and consult reference tables. The test in the INTRODUCTION has been designed as a diagnostic tool for both teachers and students themselves.

Principles for class organisation

Most of the activities in *Savoir-Faire* can be used in a similar way. Students prepare the materials individually, then make notes for small group or pair discussion. Group discussions can then be summarised in plenary by a *rapporteur* from each group. In this way, maximum opportunity is given for oral exchange and reflection. Pyramid discussions can also be used, where work starts off in pairs, who then join other pairs and so on until the whole class is working together.

We assume for a number of activities that self-access facilities are available, where students can consult French newspapers, magazines and the Internet, listen to tapes and watch satellite TV or video recordings.

The Teacher's Book

In this Teacher's Book, you will find notes on the aims of each chapter, a plan of how the activities might be organised in class or as self-study, as well as discussion of classroom implementation and ideas for extension. The answer key and transcriptions of the three audio tapes are to be found at the end of the book.

Chapter 1

Introduction

This first chapter introduces students to basic concepts to be developed throughout the book: text purpose, register, grammatical terminology and strategies for reading and vocabulary collection. It is based around a universally accessible theme – towns – which can be easily extended to suit your students' interests and needs.

> *Savoir-Faire:* **Conduct oral interviews**
> **Write an article based on them**

Aims

This chapter helps students to:

▷ classify the purpose of texts
▷ develop sensitivity to register
▷ understand how a complex sentence is constructed
▷ explore strategies for effective reading
▷ develop a better understanding of dictionary entries
▷ practise transforming spoken into written language

Ideas for exploiting in this chapter

Class 1	2 hrs	1.1 Micro-campus: les villes À VOUS 1	listen and discuss interview, oral exposés
Preparation	2 hrs / 1 hr	1.2 Découvrir: différents types de textes / 1.3 'Faut-il fuir Paris': Témoignages	read, analyse and note
Class 2	1 hr / 1 hr	Review 1.2 and 1.3 / 1.4 'Un jeune Stéphanois parle de sa ville'	discuss from notes listen and analyse
Preparation	2 hrs / 1 hr	À VOUS 2 / 1.5 La construction de la phrase 1	write a short guide structure practice
Class 3	30 m. / 1 hr 30 m.	Review of 1.5 / 1.6 Savoir lire 'Faut-il fuir Paris?'	structure practice read and analyse guess vocabulary
Preparation	1 hr / 1 hr	Prepare À VOUS 3 / Start preparing Savoir-Faire (interviews)	notes for discussion interview
Class 4	1 hr / 1 hr	À VOUS 3 / 1.7 Interview: images de Paris	present and discuss listen and discuss
Preparation	2–3 hrs	1.8 Savoir-Faire	interview and write

1.1 Écoute

1.1A If this is the students' first meeting, have them discuss 1.1A in small groups and then ask a *rapporteur* to introduce the group to the rest of the class, as well as summarising the points from the discussion.

1.1B Listening comprehension of this length is best done in a language laboratory. If not feasible, play the interview through once while students note down what they can, then play again with breaks after each interviewee. At the end of this second listening, have students check through their answers in pairs before debriefing in plenary. The adjectives noted in 1.1B may serve for À VOUS 1.

1.1C If students do not have control over the tape, you will need to play the section where these expressions occur separately, with pauses between them.

1.1D This exercise draws students' attention to connecting devices, the focus of 1.5. Again, if students do not have control over the tape, then play the relevant section separately. Encourage students to use *donc, alors, et puis, ensuite* in À Vous 1.

À VOUS 1

These exercises build on the listening activity and offer more oral interaction to end the class. If you don't have time, choose one only and start the following class with the second task.

Performing spontaneously may be nerve-racking for some. Inform students that these are *fluency*, not accuracy, exercises: the aim is just to keep going!

1.2 Découvrir

1.2 presents a simple classification of texts according to their purpose which should help students focus on author intention when reading, and on their own purpose when writing. The question *quel est le but de ce texte?* returns in later activities. For further discussion of text types, see Charaudeau, 1992: 641–6 and Judge and Healey, 1983: 437–44. This section also prepares the ground for discussion of register in 1.3 and question 1.2B5 is taken further in 1.6, which looks at reading strategies.

1.2D Useful tables showing relationships between nouns and adjectives are to be found in Astington, 1980: 207–12.

Section 1.2 can be set as out of class preparation, along with 1.3. Students will need to keep well-organised notes, since later activities often refer back to earlier work.

1.3 Lecture

The notion of register is introduced here as students work with *written* interviews which reproduce *spoken* language. The shaded box on SB p.26 presents standard register categories, which students try to apply to English utterances. They then translate examples of *français familier* from the text both into standard written French and into informal English. This contrastive work aims to sharpen students' sensitivity to register in both languages, taken up again in Chapter 4. For useful discussion on register see Batchelor and Offord, 1993b: Chapter 1. For further exercises, see Hope and Hunt, 1993: 18–19; Descotes-Genon *et al.*, 1993.

1.4 Écoute

This listening activity triggers further discussion on register. The information content of the passage is minimal; the interest is its highly relaxed oral style. Section 1.4C3 provides a conclusion to earlier discussion on oral/written differences.

À VOUS 2

This simple writing exercise could be done in class, with students helping each other prepare and revise their drafts, with subsequent production of a clean copy for marking. Alternatively, you could extend the activity by encouraging students to find out more about St.-Étienne from guide-books, reference works and the Internet.

1.5 Grammaire

This section is designed for self-study, but if students have little grammatical basis, they may require some briefing. Remind them of the Glossary of grammar terms (p. 317 of the Student's Book) and refer them to the note on p. 2 of the Student's Book, where the *Savoir-Faire* approach to grammar is stated.

Section 1.5 builds on 1.3 and 1.4, drawing attention to the looser syntactic construction of informal oral language versus formal written language. The table in 1.5G is for reference; the various constructions are covered in more depth later on in the book.

1.5E   Exercice 2: In feedback on this exercise, you may like to ask students to reflect on whether the highly subordinated construction of example (3) in the box in Section A, p.29, leads to more or less readable style!

1.5I   Exercice 6: The aim here is to help students see a text as a jigsaw puzzle, with grammatical categories defining the shape of the pieces. Like text reconstruction exercises, dictation can focus attention effectively on grammatical structure. For imaginative ideas, see Wajnryb, 1990.

1.6 Stratégies

This section, ideally undertaken in class, encourages students to explore their own reading strategies and to adopt a problem-solving approach to texts and vocabulary development. Students need to understand they can vary reading speed and objectives, starting with guess-work, followed by detailed reading.

1.6D This builds on 1.5D in order to develop students' dictionary strategies. Bring in a *Dictionnaire des noms propres* or *Dictionnaire encyclopédique* so that students can search for the references in Exercice 6.

Section 1.6 should fit into a two-hour session. An alternative requiring less class time, but with less focus on strategies, would be for students to prepare the text for discussion, focusing on exercises 3 and 4.

À VOUS 3

Building on the theme of 'Faut-il fuir Paris?', students talk about *their* images of Paris and the images they would choose to represent their own home towns.

To pursue the theme of cultural connotations, ask students to explore representations of national characteristics in the *Astérix* cartoons or in French and English advertising.

In addition to preparing À VOUS 3 for subsequent classroom discussion, students could at this stage start making oral interviews with other francophones – either classmates or exchange students or other acquaintances – in preparation for writing their article in 1.8. Alternatively, the listening comprehension 1.7 could be set for preparation.

1.7 Écoute

In this interview, Édith, the Parisian student featured in 1.1, provides a personal illustration of the issues raised in 'Faut-il fuir Paris?' The interview consolidates the discussion launched in 1.6 and offers an opportunity for quick revision of the *passé composé–imparfait* distinction.

1.8 Savoir-Faire

This final assignment builds on two key points of this chapter: the aims of a text and the differences in style between informal spoken and formal written French. The sub-skills involved (interviewing, selecting information and writing an article) are all taken up again later on in the book. This first assignment on a relatively straightforward topic can be used as a diagnostic exercise, helping students identify areas requiring specific attention.

Extension activities

▷ **Dictionary strategies**: students evaluate the usefulness of different kinds of dictionaries, e.g. monolingual, bilingual, encyclopedic, electronic, etc.

▷ **L'espace francophone**: students research the characteristics of francophone regions, or further explore such issues as the importance of transport (le TGV is mentioned in 1.1) or the industrial decline of Eastern France (1.4).

▷ **Paris in film and literature**: students examine images of Paris in film and literature. Examples of films: *Hôtel du Nord* (1938), *Le Chat* (1971), *Buffet froid* (1973) referred to in Chapter 7, or *Chacun cherche son chat* (1996). Examples from literature: Baudelaire's *Petits poèmes en prose*, Zola's *Au bonheur des dames*, Raymond Quéneau's *Zazie dans le métro* and more recently, the Malaussène novels of Daniel Pennac – in particular, *La Fée carabine*, and *La petite marchande de prose* (all published in Folio paperback) referred to in Chapter 5.

Key to activities

1.1

B

Intervenant/ Ville	Situation géographique/Caractéristiques	Adjectifs
Didier Lille	grande ville, au nord de la France, près de la frontière belge; desservie par le TGV (grâce à son maire dynamique), maintenant point stratégique entre Paris, Londres et Bruxelles, redéveloppée, avec l'implantation de beaucoup de grandes entreprises.	grand
Marie Lyon	au sud-est, la deuxième ville de France reliée à Paris par le TGV (trajet = 2 heures), située près de la montagne et (relativement) près de la mer; une ville qui change, de plus en plus d'universités, de théâtres, de choses à faire.	dynamique embourgeoisé somnolent
Édith Paris	1er arrondissement de Paris: autrefois agréable à vivre, une vie de quartier, un quartier populaire, beaucoup de magasins de fruits et de légumes à cause des Halles; depuis, a beaucoup changé. Paris = moins humain, une ville anonyme.	agréable, cosmopolite, anonyme
Jocelyne Québec	la plus vieille ville francophone en Amérique du Nord, fondée en 1759, d'abord colonie française, puis anglaise, la deuxième ville du Québec; située le long d'un fleuve, près de la montagne, près de forêts, donc du ski en hiver; centre du gouvernement, pas beaucoup d'industries (pâtes et papier); il y fait bon vivre, beaucoup d'activités culturelles, le cachet français, donc des cafés, ville animée surtout l'été.	vieux (vieille) grand beau gouverne- mental animé

C 1 embourgeoisé = respectant les conventions, traditionnaliste, accordant plus de valeur à l'ordre et au confort qu'à la créativité et à l'imagination 2 une vie de quartier = beaucoup d'activités qui s'organisent dans le quartier, beaucoup de communication entre les habitants, qui s'identifient au quartier 3 un quartier très populaire = a working-class area 4 le cachet = le style

D donc = sert à relier ce qui va être dit avec ce qui vient d'être dit; à accentuer; à introduire une conclusion alors = sert ici à marquer une transition puis, ensuite = par la suite (See Judge and Healey, 1983: 387–8.)

1.2

B 1 extrait d'une encyclopédie, informatif
2 extrait d'un dossier spécial du *Monde*, argumentatif
3 brochure touristique: descriptif, argumentatif
4 lettre personnelle, carte postale: affectif, descriptif

5 roman, narratif, descriptif
C 1 one of the earliest industrial areas in the country
2 are the inhabitants of l'Île-de-France behaving like spoilt children?
3 (having) international influence
4 where it's great to live
5 a first-class welcome (*prestations d'accueil* = tourist services)
6 a steam-bath
7 exhausted by the heat
D Ex1 a. l'État, state-run sector b. le salaire, wage claims c. le port, the port area d. la balnéation, a spa, a resort e. l'hôpital, a hospital f. le roman, the fictional output g. le fleuve, river traffic h. la bicyclette, cycle path

Ex2 a. le réseau routier b. un groupe sanguin c. le système universitaire d. une ville minière e. le budget publicitaire f. un casier judiciaire

1.3

B 1 Ce sont tous des familles avec des enfants en bas âge. Ils ont quitté ou ils vont quitter Paris.

2

	A Les Boucharlat	B Les Kassimatis	C Les Latimier
Habitent actuellement	Paris (partiront à Bordeaux dans 6 mois)	Les Tendres, petit hameau dans le Calvados	Fontenay-sous-Bois, la banlieue-est
Profession(s)		consultante dans les métiers de la mode, navigant sur Air France	architectes
Raisons de quitter Paris	la pollution, l'individualisme, les conditions de vie décalées. Paris n'est pas fait pour les familles; pas le cadre idéal pour élever des enfants; les 'faux besoins'	le bruit, la pression, le besoin d'une maison plus grande, plus d'espace, un rythme moins stressant, la qualité de la vie	trop cher
Avantages de ne plus vivre à Paris		grande maison + terrain + piscine	les gens sont aimables, les activités extrascolaires sont proches et faciles
Raisons de regretter Paris	les amis, le cinéma, les sorties	le désert culturel	

C 1 **Phrases sans verbes**: ex. *Ras le bol de Paris!* (A) *Point d'accostage: . . . Seule ombre au tableau: . . ., Mais voilà!, Pas vraiment l'enfer.* (C). **Expressions familières**: *Ras le bol de Paris, ce **grand gars** mince à barbiche* (A) *Le **boulot***?, *Loin de Paris, mais toujours **branchée*** (B) *émigrer de l'autre côté du **périph'***.

Registres: exercice: **a.** = très familier, **b.** = soutenu, **c.** = familier, **d.** = standard.

2 **a.** Même si les enfants jouent dehors, ils sont enfermés. Il est donc normal qu'ils soient très excités quand ils sont en appartement. **b.** À Paris il n'y a pas de saisons. Soit il fait beau, soit il fait mauvais. **c.** C'est alors une vie agitée, mouvementée qui commence. **d.** Loin de Paris, mais toujours bien informée, toujours en contact avec ce qui se passe dans la capitale.

3 **a.** Here, even outside, the kids are shut in. What d'you expect – of course they go crazy inside the flat. **b.** In Paris, there are no seasons – the weather's either good or bad/shitty* (*rather more *familier* than *moche*). **c.** That's when life starts going crazy/a bit mad again. **d.** Far from Paris, but still in touch.

1.4

B 1 Son attitude est assez négative: la ville est en retard par rapport à d'autres villes, elle ne fait pas beaucoup pour les jeunes.

2 **a.** St.-Étienne était une ville minière, elle se trouve à 56km de Lyon. Lyon est plus riche. Le maire de St.-Étienne a fait rénover les façades. **b.** C'est une ville en retard par rapport à d'autres villes, il n'y a rien à faire pour les jeunes, la rénovation des façades était une bonne initiative, mais cela n'a rien apporté aux jeunes. La municipalité devrait faire quelque chose pour les jeunes.

C 1 Principalement argumentatif, comme le souligne la présence de beaucoup de marqueurs d'opinion: *je trouve que . . . c'est ça que je regarde . . . c'est clair, . . . il a fait une chose bien je trouve, je trouve que c'est très important, j'estime que*. Informatif: voir **2a.** ci-dessus. Affectif? le locuteur cherche à établir une relation avec son interlocuteur en employant des expressions telles que ***vous** voyez* afin de le convaincre.

2 **Syntaxe**: **dans le texte écrit**, plus d'adjectifs, plus de subordonnées (surtout dans la deuxième phrase); **dans le texte parlé**, des phrases courtes, absence de '*ne*', expressions incorrectes (il y a *mieux* de distractions → il y a *de meilleures* distractions, il y a *plus de* distractions; *au plan de vue* pour tout → à *tous points* de vue, à tous les niveaux). **Vocabulaire**: **dans le texte écrit**: mots savants (*hercynienne*), registre soutenu (*précoce*). **Organisation**: **dans le texte parlé**: beaucoup de répétitions, beaucoup de 'locutions vides' (*Disons que . . .*)

1.5

C **Ex 1** *à titre indicatif*:

1 Il marchait *le long de la route*. 2 Elle n'est pas allée au bureau *à cause de la grève*. 3 Nous leur avons écrit *la semaine dernière*. 4 Je me suis cassé le bras *en jouant au tennis*. 5 N'oublies pas de lui téléphoner *quand tu auras terminé ton travail*.

D V.intr. = verbe intransitif; V.tr.indir. = verbe transitif indirect; inf. = infinitif; V.tr.dir. = verbe transitif direct; V.tr. = verbe transitif

E **Ex 2** Nous avons eu la chance/**d'avoir** (proposition infinitive) un maire très dynamique/**qui** (pronom relatif) a été le premier ministre de François Mitterrand, **ce qui** (pronom relatif) veut dire **qu'**(conjonction de subordination) il a débloqué beaucoup de fonds pour la ville **et** (conjonction de coordination) en particulier maintenant nous avons le TGV **qui** (pronom relatif) vient donc à

Lille **et** (**conjonction de coordination**) la ville a été complètement redéveloppée autour de ce TGV.

Strasbourg est une ville moderne et dynamique au rayonnement international, **où** (**pronom relatif**) le passé reste inscrit dans un harmonieux décor de pierre, **dont** (**pronom relatif**) l'élément le plus précieux est la Cathédrale, **témoignage** (**apposition**) éclatant de l'art européen au Moyen-Âge et symbole de la cité.

F **Ex 3** *a titre indicatif* 1 . . . *nous avons déjeuné* en ville. 2 . . . *j'ai téléphoné* à ma sœur. 3 . . . *est* Bordeaux. 4 . . . *va* m'envoyer une brochure. 5 . . . *il faut* poser beaucoup de candidatures spontanées. 6 . . . *j'ai décidé* de m'inscrire en sciences naturelles. 7 . . . *je suis parti* au bout de dix minutes. 8 . . . *je me suis cassé* la cheville.

H **Ex 4** 1 Je suis allée à Paris *pour voir* Simone. 2 Dans le train, j'ai relu mes notes sur Chomsky *sans en comprendre* un mot. 3 *Avant de téléphoner* à Simone, j'ai vérifié son numéro dans l'annuaire. 4 *Après avoir déposé* mes bagages à la consigne, je suis allée prendre un verre au bar. 5 À *force de lire* des romans policiers, j'ai envie d'en écrire.

I **Ex 5** 1 Cannes, connu principalement pour son Festival du cinéma, est également un important centre aéronautique. 2 Bruxelles, depuis 1957 le siège administratif de la Commission européenne, compte environ un million d'habitants à nette majorité francophone. 3 Important port anglais jusqu'en 1453, Bordeaux tira sa prospérité du commerce du vin, du sucre et des esclaves. 4 Fondé par le Français Champlain en 1608, Québec fut le berceau de la civilisation française en Amérique. 5 Reims, capitale du Champagne, est également connu pour sa Cathédrale, construite au 13e siècle.

Ex 6 1 Les premières bornes de recharge pour voitures électriques vont être installées par EDF à Toulouse, ville pilote en ce domaine. Elles fonctionneront en libre-service d'ici à la fin de l'année pour la trentaine de véhicules électriques circulant actuellement à titre expérimental.

2 Les inspecteurs du permis de conduire suivent massivement la grève lancée par Force Ouvrière pour demander l'augmentation de leur prime de risque. Le mouvement, prévu pour une durée déterminée, se poursuit.

3 Un habitant de Trégunc a passé la nuit de mardi à mercredi en garde à vue dans les locaux de la gendarmerie pour avoir brûlé des mauvaises herbes dans sa propriété. Le feu s'était étendu de façon inattendue, brûlant près de 1 000 m^2 de broussailles. En vertu d'un arrêté préfectoral qui interdit à tout particulier d'allumer des feux en extérieur pendant l'été, les gendarmes ont arrêté cet homme de 44 ans, qui a finalement été relâché mercredi après-midi.

1.6

A **Ex 3**

1 **Qui fuit**: les familles, les retraités **Qui reste**: les jeunes actifs célibataires

2 **Causes**: la pollution, les prix du logement, les embouteillages

3 **Conséquences**: Paris devient Paris-land, une ville artificielle, sans âme.

1.7

B 1 **1er arrondissement de Paris**: un village, les gens y habitaient depuis longtemps, des immeubles anciens, beaucoup d'enfants, une vie de quartier, mais les avantages d'une grande ville: les distractions, la vie culturelle (ex. le musée du Louvre)

Saint-Denis: cité HLM, des immeubles mal construits, du bruit, 'moche' à l'intérieur comme à l'extérieur avec l'autoroute juste à côté, peu de verdure, le soir tout était fermé

Images de Paris

1 le Paris du 'petit peuple', des '**Parigots**': n'existe plus, à cause de la politique de réconstruction, les résidents ont été obligés de partir en banlieue.

2 la ville-phare pour les intellectuels: correspond un peu plus à la réalité, il ne reste maintenant que le snobisme.

Paris aujourd'hui: impersonnel, snob, une ville d'apparence.

C Ex 1   restait, était, allais, étaient, avait, étais, avait, habitaient, habitait, entendait, avais, fallait, ont fait, ont démoli, ont gardé, ont cassé, habitaient, avaient, étaient, s'est passé

Chapter 2

Introduction

This chapter builds on the previous one by focusing on the organisation of journalistic texts. Its theme is the French press, its current crisis and differences with the English press. The strategies presented here include summary writing and text revision. The chapter ends with work on radio news bulletins.

> *Savoir-Faire:* **Write an article**
> **Produce a 4-page newspaper**

Aims

This chapter helps students to:

▷ find out more about the French press (the different titles and their readership)
▷ understand how a newspaper is produced and organised
▷ collaborate with others in producing a newspaper
▷ develop strategies for summary writing and text revision
▷ become acquainted with French punctuation
▷ develop strategies for listening to French radio news

Preparation	2 hrs	2.1 Interview: la presse en France	listen and note
Class 1	1 hr 1 hr 1 hr	Review: 2.1 À VOUS 1 2.2 Découvrir: le journal	oral summary comment on figures read, analyse and discuss
Preparation	1–2 hrs 2 hrs	À VOUS 2 2.3 'La presse quotidienne en crise'	research and evaluate read, note and analyse
Class 2	30 m. 30 m. 45 m. 15 m.	Report back on À VOUS 2 Review 2.3 2.4 Interview: le métier de journaliste À VOUS 3	group discussion discuss from notes listen and note group discussion
Preparation	1–2 hrs 1 hr	À VOUS 3 2.5 Grammaire	plan and write structure practice
Class 3	30 m. 1 hr 30 m.	Review 2.5 2.6 Strategies to revise texts À VOUS 4	structure practice text revision oral summary, text revision
Preparation	2 hrs 1 hr	2.7 Extraits du journal de *France inter* À VOUS 5	listen and note listen and note, transcribe
Class 4	1 hr 1 hr	Review 2.7 À VOUS 5 2.8 Savoir-Faire: preparation	oral summary present from notes group discussion
Preparation	2–3 hrs	2.8 Savoir-Faire	write an article, produce a news-paper

2.1 Écoute

Here, learners pool what they already know about the French press, find out more about French newspapers and their readership, and reflect on differences with the British press. The vocabulary and structures for presenting and comparing figures (e.g. readership trends) are given on SB p.50 and exploited in progressively more demanding ways in exercises 1 and 2 and À VOUS 1. Students may wish to preview comparative constructions in 2.5.

À VOUS 1

If 2.1 is done for preparation, the following class could start with À VOUS I part I. Part 2 may be done as an oral pair-work or a written exercise.

2.2 Découvrir

This section should enable students to develop a more critical approach to reading the French press and serves as preparation for À VOUS 3, À VOUS 4 and 2.8. You can extend this section by having students compare front-page stories, content and sections (rubriques) of a wider range of newspapers published on the same day.

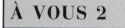

À VOUS 2

In this activity, students apply the skills developed in 2.2 to classifying and evaluating French newspapers and magazines available to them. You could allocate different newspapers to different individuals or groups within the class. The *fiches* produced on different newspapers could then be made available to all.

2.3 Lecture

Work on this article is best done as self-study. Students recycle the information and language presented in 2.1, read further on the collapse of *InfoMatin* and apply insights from 2.2 to a further example. This text comes from *Les Clés de l'actualité*, a weekly for young people, which provides accessible summaries of topical issues.

2.3C   Students will have already studied the presentation of the article in 2.2B. Here, they explore its internal structure and the use of discourse markers. A full table of *mots connecteurs* and other markers is provided in 2.5. This article is also used for the revising exercises in 2.6.

2.4 Écoute

Here, a journalist narrates the stages – and different professionals – involved in producing a newspaper article. You could extend discussion here to students' own writing strategies and then encourage them to take revision particularly seriously, by getting others to reread and comment on their texts (see 2.6). This listening passage also provides useful exemplification of 'agentless' structures, such as the passive with *être*, the use of *on* and pronominalisation.

À VOUS 3

> Students start organising their newspaper project (see 2.8), drawing on the ideas explored in 2.2 and 2.4. This type of group planning offers useful oral practice. Encourage students to make notes of their discussion, so that they can check their decisions in later activities (e.g. À VOUS 4).

2.5 Grammaire

This section focuses on expressions of time, discourse organisation and comparison, building on work done in 1.5. Because of limits on space, examples of the different expressions are not given in the tables on pages 66 and 68. Encourage students to build up their own lists of examples. Useful lists and examples of discourse markers are given in Batchelor and Offord, 1993b: 143; Astington, 1980: 171–97 and Lang and Perez, 1996: 304–33, while Chapter 17 of Hawkins and Towell, 1996 provides a useful overview on 'Conjunctions and other linking constructions'.

2.6 Stratégies

Section 2.6 covers strategies for text revision, triggered by evaluation of a summary of the 2.3 text. The *critères* suggested on page 72 can then serve as a checklist for systematic revision of any written work.

2.6C We identify two key strategies here which can be practised in summarising tasks throughout the book. This builds on 1.2 and 1.6 (identifying the purpose and main ideas of a text). Identifying text structure will be developed further in 3.2, 3.3 and 3.4 and the skill of summarising is prominent throughout Chapter 4.

À VOUS 4

> This activity builds on À VOUS 3. Students report orally on the article they have written, other members of the group comment on its relevance for the newspaper and finally, each article is given to another student for revision. This can either be revision in terms of content, linguistic errors or both.

2.7 Écoute

This section introduces students to listening to radio news. The two problems which students need to deal with are the speed of delivery and the density of cultural references (see 1.6). The standard listening grid with questions *qui? quoi? quand? où?* should help them to listen for key information, but reassure students who expect to understand everything after first listening that there are different levels of comprehension and that skills improve with regular practice.

2.7D Following on from the *gros titres*, only one news story is developed here: the death of Robert Hersant. Students identify the main points.

2.7E They then work on completing the transcription E, which focuses attention on sentence construction: in particular, *compléments circonstanciels* (1.5), punctuation (2.6) and *conjonctions* (1.5, 2.5).

Transcription is a useful exercise for improving students' aural attention and grammatical accuracy. News bulletins are particularly suited to this type of activity since they have more features of formal written discourse than of informal spoken discourse.

À VOUS 5

The idea here is to encourage students to listen regularly to French radio news. *France inter* (169khz), *Europe 1* (190khz) and *RTL* (230khz) can be picked up successfully on long-wave in southern areas of Britain. For À VOUS 5, students should produce an OHP slide with key words for their summary. Encourage them to present their summary in the manner of a TV announcer, from notes while maintaining eye contact with their audience. This is good preparation for oral presentations (Chapter 3), and for reading aloud (Chapter 5).

2.8 Savoir-Faire

Preparation for this project started in À VOUS 3 and À VOUS 4. Each group should come up with four A4 pages. These pages can be displayed in class. Each editorial group should present a brief overview of their newspaper, explaining its originality, the readership targeted, the *rubriques* selected and the topics chosen for articles.

Extension activities

French media on the Internet: *Le Monde* and *Libération* are both accessible, but a subscription must be paid for more than a daily summary. *Radio France* – http://www.radio-france.fr – and *TF1* – http://www.tf1.fr – both have interesting sites with news summaries, including audio or video extracts. Ideas for using electronic news media are available on http://quest.arc.nasa.gov/teach/fl.htm.

Revues de presse: news summaries from various French newspapers can be accessed via http://www.diplomatie.fr; there is also archive of the previous month's reviews. Students could analyse particular issues as covered by different newspapers over a period of time. Comparisons could also be made with the British press.

Key to activities

2.1

B **1a.** F: elles datent d'il y a plus de dix ans; **b.** V; **c.** V; **d.** F: ils les achètent dans un kiosque; **e.** F **2a.** entre 1980 et 1990, le nombre de lecteurs a baissé de plus d'un quart. **b.** au siècle dernier: 250 titres; juste avant la 2e guerre mondiale: 175 titres; aujourd'hui: 50 titres. **3a.** le coût excessif de la presse, la concurrence de la télé et de la radio, la presse n'a pas toujours su se remettre en question. **b.** la récession, la hausse du prix du papier, le coût excessif de la distribution et une main d'œuvre contrôlée par un syndicat du livre puissant. **4.** *Le Parisien*, 440, centre; *Le Figaro*, 390, *conservateur*; *Le Monde*, 370, centre-gauche; *L'Équipe*, 344, *quotidien de sport*; *France-Soir*, 194, *conservateur*; *Libération*, 175, *gauche*; *La Croix*, 98, *catholique*; *L'Humanité*, 66, communiste. **5** elle se porte bien en France, plus de 3000 titres. La moitié = revues techniques ou professionnelles, vendues par abonnement, la presse grand public = 800 titres spécialisés (les plus lus sont les magazines de télévision, les magazines féminins et les revues de loisirs) et 500 titres d'information générale et politique (ex. les news magazines, dont *Paris-Match* est le plus lu).

C **1** journal, lecteurs, baissé, rang; **2** déclin, coût, multiplié, concurrence; **3** récession, hausse, distribution; **4** magazine, taux, en tête, féminins.

D **1** augmenté d', passer ... à, était de, contre, baisse, sur
2 En moyenne, plus de 27 millions de personnes, en 1994–5, ont lu au moins un quotidien national en Grande-Bretagne. Le quotidien le *Sun* était en tête avec plus de dix millions de lecteurs. Le *Times* a connu la plus forte hausse de lecteurs durant l'année passée, avec une progression d'environ 375 000, tandis que le *Daily Mirror* a subi la plus forte chute d'environ 650 000 lecteurs.

2.2

A **1** La disparition d'*InfoMatin*, le départ de M. Kozyrev du Kremlin, le nouveau gouvernement algérien.

2a. À la différence de *Libération*, *Le Monde* a deux articles sur les affaires internationales: *Les manœuvres présidentielles aux États-Unis* et *Le déménagement spectaculaire des prostituées de Rio*. Il y a aussi un article sur la réforme de la Sécurité sociale et un autre sur l'artiste, Richard Peduzzi. *Libération* a un article sur les *Négociations entre la France et la Corse*, un autre sur la réforme de l'impôt, et un troisième sur la fabrication de neuf antiatomes par une équipe de chercheurs.

2b. *Le Monde* est plus dense avec plus de texte et moins de graphiques.

3 *Le Monde* se tourne davantage vers l'étranger et la culture; il privilégie l'information et s'adresse à des lecteurs sérieux. *Libération* présente à la une des sujets qui vont intéresser davantage les Français 'moyens': réforme des impôts, la Corse, le sport et un article à sensation sur l'astrophysique; il vise un public qui cherche à s'informer tout en se distrayant ou à se distraire tout en s'informant!

B

rubrique

titre

chapeau

intertitre

intertitre

graphique

C **1** **a. Les rubriques qui paraissent dans les deux journaux:**
Le Monde: France, Carnet, Culture, Guide culture, Radio–Télévision
Libération: France, Carnet, Culture, Guide, Télévision
b. Les rubriques qui diffèrent mais qui correspondent au même thème:
Le Monde: International, Société, Horizons, Entreprises, Finances/marchés, Météorologie, Mots croisés, Communication
Libération: Monde, Vous, Rebonds, Économie, Bourse, Météo-jeux, Médias
c. Les rubriques qui ne paraissent que dans l'un des deux journaux:
Le Monde: Aujourd'hui, Agenda, Abonnements
Libération: Événement, Annonces, Sports

2 **a.** Guide culturel, **b.** Entreprises, **c.** International, **d.** Entreprises, **e.** Culture, **f.** France, **g.** Société

D 1

	Chapeau A	Chapeau B	Chapeau C
Qui?	Le conseil d'administration	Les 86 salariés	La presse quotidienne nationale
Quoi?	a décidé de déposer le bilan d'*InfoMatin*	ont appris que le journal allait paraître pour la dernière fois	connaît des difficultés
Quand?	vendredi, 5 janvier	lundi	depuis plusieurs années
Où?			en France
Causes	l'ampleur des pertes financières	perte de 150 millions de francs en 2 ans	hausse du papier, coût de la main-d'œuvre, baisse des recettes publicitaires, difficultés de la diffusion, concurrence des autres médias, crise éditoriale
Conséquences Réactions	Un administrateur judiciaire devra décider du sort du journal	Parution interrompue pour au moins 5 jours. Un administrateur étudiera les possibilités de redressement	Question à résoudre: de quels quotidiens les lecteurs ont-ils besoin?

2 **A** les cadres et les professions libérales **B** les employés **C** les francophones et les ressortissants français (les Français qui habitent à l'extérieur de la France)

3 **A** = *Le Monde* **B** = *Libération* **C** = *Le Monde Diplomatique*

2.3

A 1a. les difficultés de la presse **b.** la disparition d'*InfoMatin* **c.** des frais élevés, pas assez de publicité **d.** *Le Parisien* est le seul à avoir bien augmenté son tirage, *Le Figaro*, *L'Équipe*, *Libération*, bien qu'en hausse ont toujours un tirage trop faible, *Le Monde* et *France-Soir* ont chuté depuis 1980.

2 les frais de fonctionnement, le coût du papier, la diffusion des journaux, les exemplaires qui ne sont pas vendus 3 les ventes de journaux et la publicité 4 la presse hebdomadaire 5 Elle préfère la télévision qui touche un public plus large 6 *Le Monde* et *Libération* 7 baisser le prix de vente, innover avec un journal à lire rapidement et s'adressant aux jeunes 8 *InfoMatin* ne vendait que 75 000 exemplaires au lieu de 130 000 9 Si la situation ne change pas, d'autres titres risquent de disparaître d'ici à l'an 2000.

B 1 vient de cesser de paraître 2 il ne parvenait à attirer que 3 des frais élevés 4 les frais de fonctionnement 5 l'acheminement des journaux 6 les points de vente 7 face à ces fortes dépenses 8 les recettes provenant de la publicité sont en chute libre.

C 1 **Para 1**: introduction: disparition d'*InfoMatin* et raison de sa disparition **Paras 2, 3**: raisons de la crise **Paras 4, 5**: diminution des recettes **Para 6**: A moins de trouver une solution pour diminuer les coûts, d'autres journaux risquent de disparaître.

2 registre standard et vocabulaire simple

3 L'organisation de l'information est très cohérente grâce aux intertitres, au graphique, aux nombreux paragraphes clairement structurés. Les questions posées (ex.: *Pourquoi une telle situation? Comment diminuer les coûts, comment gagner de nouveaux lecteurs?*) et les expressions elliptiques (ex.: *Autre source de dépenses*) aident le lecteur à identifier l'idée principale du paragraphe.

4 Un lecteur qui est pressé (le circuit court de l'article est très informatif) et qui désire un résumé clair et bref de la situation.

2.4

A **Ex 1** a. = iii b. = iv c. = i d. = v e. = ii

Ex 2 a. Le journaliste a d'abord une idée. b. Cette idée-là est ensuite validée par le rédacteur en chef. c. On commence les premières recherches. d. On fait quelques prises de contact. e. On va voir un certain nombre de personnes et on les interroge. f. On rédige l'article directement sur l'ordinateur. g. Après avoir été relu et corrigé par un rédacteur, l'article est mis en page. h. Le journal passe ensuite sur le rotatives. i. Vous pourvez acheter votre journal dans votre kiosque préféré.

B **Ex 1** D'abord il y a l'idée. Alors *on peut* l'avoir en voiture . . . Ensuite *cette idée-là est validée* par un supérieur hiérarchique. *Si l'idée est validée*, à ce moment-là, *on commence* les premières recherches . . . *on fait* quelques prises de contact, *on obtient* un certain nombre de personnes à interviewer . . . *on va* les voir et *on les interroge* . . . Bon, *ce travail terminé, on passe* ensuite au travail d'écriture. Alors l'écriture maintenant *se fait* sur ordinateur, donc suivant le nombre de signes qui *a été fixé* par le rédacteur en chef.

Ex 2 1 Une plainte avait été déposée par les syndicats des journalistes contre le patron de presse, Robert Hersant. 2 La parution du journal *InfoMatin* sera interrompue à partir de mardi pour au moins cinq jours. 3 La décision a été communiquée aux représentants des 86 salariés dans l'après-midi. 4 La réunion d'une commission paritaire a été demandée par les syndicats CFDT et SNJ. 5 Un administrateur judiciaire sera désigné par le Tribunal de commerce de Paris.

Ex 3 1 Les négociations se poursuivent. 2 Une nouvelle commission vient de se former pour discuter de l'avenir d'InfoMatin. 3 *Le Monde* se lit moins facilement que *Libération*. 4 En France, les journaux s'achètent d'habitude dans les kiosques. 5 Les articles s'écrivent maintenant directement sur ordinateur. 6 Le magazine *Diginews* se diffuse uniquement sur format CD-Rom.

2.5

A **Ex 1** 1 pendant mon séjour en France 2 dès mon retour. 3 pendant la fermeture du théâtre 4 depuis notre rencontre 5 avant la construction du tramway 6 depuis le départ du patron 7 avant la fin du concert 8 dès le commencement du match

Ex 2 1 depuis 2 pendant 3 pour 4 pendant 5 il y a

Ex 3 1 est-elle partie pour longtemps? 2 je travaillerai à Rome pendant deux semaines 3 j'étudie le français depuis huit ans; 4 j'ai habité à Lyon pendant 10 ans.

Ex 4 1 en 2 dans 3 dans 4 en 5 dans

Ex 5 d'abord, puisque, non seulement, mais, également

Ex 6 rapports de but: ***pour*** *ne pas perdre* . . . ***Afin de*** *compenser ces* . . .
rapports de causalité: ***La cause****:* . . . ***Face*** *à ces fortes dépenses,*
rapports de conséquence: ***Ainsi*** *InfoMatin ne vendait* . . . *La France n'est* ***ainsi***
classée, rapports d'opposition: ***alors qu'****il ne parvenait* . . . ***Or****, les acheteurs* . . .
rapports d'addition: *Aux frais de fonctionnement* ***s'ajoute*** *la hausse* (rapport
implicite). . . ***Autre*** *source de dépenses* . . .

Ex 7 1 également 2 par exemple 3 par contre 4 surtout 5 contrairement
6 notamment

Ex 8 1 de, qu' 2 que 3 de 4 de, que 5 de

Ex 9 1 mieux 2 la meilleure 3 meilleurs 4 mieux 5 meilleur 6 bien 7 meilleur
8 le mieux

2.6

B Pour les corrections, voir E: version 2 du resumé sur la presse quotidienne en crise.
Commentaires (*à titre indicatif*): Il manque des mots connecteurs, ce qui fait que les idées
sont mal enchaînées. Le vocabulaire utilisé n'est pas toujours assez précis ex.: *est fini* au
lieu de *a cessé de paraître.* Quelques erreurs de verbe: *a vendu* au lieu de *vendait, vendais*
au lieu de *vendait,* [*la publicité*] *sont* au lieu de *est,* et la dernière phrase n'a aucun sens.

E 1 +2 **Différences entre les deux versions: emploi de mots connecteurs:** *ainsi, tout
d'abord, puis, Ainsi, D'autre part, De plus;* **la structuration du texte en trois paragraphes,
l'emploi de conjonctions de subordination:** ***Afin de*** *compenser* . . . *prix de vente,*
Si *la situation ne* . . . *à l'an 2000,* **du pronom relatif:** *l'acheminement des journaux,* ***qui*** *ne .*
. . vendus; **du participe passé:** ***Lancé*** *en janvier 1994;* **de l'infinitif:** ***Pour attirer*** *plus de
lecteurs;* **du participe présent:** *les recettes* ***provenant****;* **du gérondif** (5.5): ***en s'adressant***
aux jeunes; **d'expression elliptique:** *Sans succès*

2.7

A 1 + 2

Les gros titres	Rubrique	Expressions
1 La réforme de la Sécurité sociale	Social	– les trois dernières ordonnances – trois syndicats de médecins – débattre du financement
2 Les mémoires de Mitterrand	Littérature	– deux volumes
3 Les élections législatives en Italie	Étranger	– la coalition – majoritaire au Sénat
4 Au Proche-Orient: des bombardements	Étranger	– un cessez-le-feu – il est question de trêve – des tirs de roquette
5 R. Hersant: le fondateur du plus puissant empire de presse	Médias	– contrôle le tiers des quotidiens français
6 Le tournoi de tennis à Monte-Carlo	Sports	– répétition générale de Roland Garros

B

Les gros titres	Rubrique	Qui?	Quoi?	Quand?	Où?
1 La réforme de la Sécurité sociale	Social	• le conseil des ministres • les députés • 3 syndicats de médecins	• examinera les 3 dernières ordonnances • débattront du financement • appelleront à la grève	• après demain • après demain • après demain	
2 Les mémoires de Mitterrand	Littérature	les mémoires de Mitterrand	vont paraître en deux volumes	demain	
3 Les élections législatives en Italie	Étranger	la gauche italienne et ses alliées centristes	donnés gagnants des législatives		en Italie
4 Au Proche-Orient: des bombardements	Étranger	• Israéliens • Hezbollah • Paris et Washington	• bombardent • tirent des roquettes • coopèrent pour un cessez-le-feu rapide		• le Liban • sur le Nord d'Israël
5 R. Hersant	Médias	Robert Hersant	est mort	hier	
6 Le tournoi de tennis à Monte-Carlo	Sports	le tournoi de tennis, répétition de Roland Garros	commence	aujourd'hui	à Monte-Carlo

C 1 la dernière étape 2 on croit qu'ils vont gagner 3 incertain 4 elle perd de l'argent
   5 la dernière préparation (*the dress rehearsal*) 6 (ici) les participants: plateau = the stage
   = the cast
D 1 Robert Hersant est mort chez lui, hier après-midi, à l'âge de 76 ans. Il était PDG de
      la Socpresse, le plus puissant groupe de presse français.
   2 Il a compris qu'il fallait trouver une dimension industrielle aux quotidiens.
   3 Depuis quelques années, le groupe Hersant était confronté à de très importantes
      difficultés financières.
   4 Il avait pour ennemis les syndicats de journalistes et des amis dans toutes les familles
      politiques.
E *voir transcription.*

Chapter 3

Introduction

Chapter 1 introduced students to the idea of text purpose while Chapter 2 emphasised the logical organisation of texts and different *angles de vision*. Chapter 3 builds on these notions, focusing on the planning and delivery of short exposés. Exposés are useful as the outcome for independent research. However, while students usually research their chosen topic enthusiastically, they often forget that their exposé should not cover *everything* but should highlight points which will interest their audience.

The theme here is technological innovation. This may be the moment to introduce students to using French Internet sites.

> *Savoir-Faire: Prepare and present an oral exposé on a chosen topic*

Aims

This chapter helps students to:

▷ develop their understanding of what makes an effective exposé
▷ acquire skills for developing ideas
▷ familiarise themselves with typical ways of organising information (plans)
▷ understand different styles of exposé and their suitability for different contexts

Preparation	2 hrs	3.1 Faire un exposé Prepare À VOUS I	listen and note
Class I	30 m. I hr 30 m.	Review 3.1 with particular focus on A and B À VOUS I 3.2 Découvrir: l'exposé 'Internet, un casse-tête . . .' À VOUS 2 and À VOUS 3 (mini-exposés)	discuss from notes brainstorming discussion speed-reading oral exposés
Preparation	I hr 2 hrs	3.2 Reread 'Internet, un casse-tête . . .' 3.3 'Internet, un précurseur . . .'	read, analyse and note
Class 2	I hr I hr	Review 3.3 3.4 'L'essor des nouvelles technologies' (except D and À VOUS 4)	discussion listen, analyse and note discussion
Preparation	30 m. 45 m. I hr	Complete 3.4D Prepare notes for À VOUS 4 3.5 Le système des pronoms	take notes structure practice
Class 3	I hr 30 m. 30 m.	Review 3.5 À VOUS 4 3.6 Stratégies	structure practice discuss from notes discussion
Preparation	2 hrs	3.7 'La voiture électrique'	listen, analyse and note
Class 4	I hr I hr	Review 3.7, particularly B and C 3.8 Start preparing exposés in small groups	discuss from notes discussion
Preparation		3.8 Savoir-Faire: exposé	research, prepare exposé

3.1 Écoute

As usual, students complete this section out of class and bring their notes and reactions to the following class for discussion. Check beforehand whether students have experience of making presentations. If not, show them a video recording of a presentation (from TV or a student recording) to trigger discussion.

À VOUS 1

 At the end of 3.1, ask students to present their points on an OHP slide.

3.2 Découvrir

Building on 3.1, this section looks at stages in the preparation of an exposé. The brainstorming exercises are probably best done in pairs, with a time limit. The approach should be light throughout, but reinforcing the message that an exposé is not a presentation of all and any information, but needs to have a central message and take account of its audience.

À VOUS 2

This activity should be kept under tight time control. Encourage students to use the schema in 3.2 to brainstorm and organise ideas quickly. They can build on their notes to develop a mini-exposé later on in À VOUS 3.

3.2C2 This is an opportunity for students to analyse the organisation of a straightforward text, putting into practice the ideas presented in C. Put a time limit on reading to focus attention on the main ideas and the overall organisation of the text.

À VOUS 3

As a light-hearted activity, students present short exposés from ideas generated in AV2. Indicate to students how using the schema from 3.2B and C can help them to organise ideas quickly and achieve greater fluency. This skill is taken up again in Chapter 4.

3.3 Lecture

Out of class, students prepare a further text on the Internet with which they compare the text from 3.2C2. This article provides useful examples of *mots connecteurs* (2.5) and is more formal than the earlier one. This contrast is similar to that between recordings 3.4 and 3.7.

3.4 Écoute

This listening activity continues the focus on plans and organisation of information. Before students listen to the recording, invite commentary on the OHP slides, but do not explain the terms used in them – that is the whole point of the exposé!

3.4C At the end of the listening, debrief the ANALYSE section, which students may find challenging.

3.4D This section can be left for students to complete on their own, while À VOUS 4 can either be done as a quick end-of-class discussion or, alternatively, students can prepare at greater length outside class and come with discussion notes for the next class.

3.5 Grammaire

The pronoun system is an area of grammar that advanced-level students seem to be fairly familiar with. Hence the emphasis here is on exploring the patterns, rather than learning rules. When you debrief 3.5, start with getting learners in pairs to check A and identify any difficulties. Discuss any problem areas and review exercise 8.

If you feel your students can cope easily with these exercises, ask them to prepare 3.6 as well, making written notes in answer to questions 1 and 2, which can then serve as the basis for discussion in class. This will enable you to debrief this section and work on 3.7 in class.

3.6 Stratégies

This strategy section is brief, but links back to 3.2 where students had to reflect on what topics to choose for particular audiences and links forward to 3.7, where students are invited to reflect on different styles for exposés.

3.7 Écoute

This recording illustrates a different style of presentation from 3.4. This exposé on the *voiture électrique* is based around a concrete example and delivery is far more upbeat and jokey than 3.4. A more lively tone is brought about by varied intonation. The importance of varying intonation is a theme we return to in 5.6.

3.8 Savoir-Faire

Rather than block oral exposés from all your students over one or two weeks, organise them over a number of sessions with, say, two students per week presenting exposés on particular themes. Ask the audience to take notes from all the exposés and then write up a summary of one of the exposés. Students can give each other feedback on their exposés using the assessment grid.

Extension activities

Exploring the Internet

If you can get access to a computer room with Internet access, organise a French Internet workshop, where students explore various francophone sites and assess their usefulness. Groups of three usually work well around one computer. Give students a couple of sites to get started (see the Useful Resources section at the end of the book) and then encourage them to browse. Set a time limit. You could ask students to produce written evaluations of the sites they come across. These could be stored in an open access folder to which others can add. In this way, the workshop would have a concrete and ongoing product.

E-mail projects

If your students are reasonably familiar with e-mail, this might be the moment to introduce them to e-mail projects. You may be able to set up e-mail correspondents for your students through the Tandem Network (http://www.enst.fr/tandem/email/ll/medio-netz-eng.html). Alternatively, they could contribute to the various bulletin boards that are available now in French. For reports on e-mail projects, see Kornum, L. (ed.) (1994) *La Télématique*. Lingua Publication. Commission of the European Communities.

Key to activities

3.1

B

Édith: Considérer son auditoire dans la sélection des aspects que l'on va aborder; faire des recherches pour pouvoir maîtriser son sujet.

Didier: Faire un plan pour indiquer qu'on a réfléchi au sujet, relier les paragraphes (ou sections) par des connecteurs (*effectivement*, *d'ailleurs*, *en conséquence*), donner des exemples ou raconter des anecdotes, utiliser des supports visuels, être attentif à son auditoire et s'adapter si nécessaire en ralentissant, en insistant, en répétant.

Marie: Bien maîtriser son sujet, préparer des transparents à l'avance (tapés, numérotés), s'entraîner, ne pas lire les transparents, mais savoir reformuler.

Didier: Faire relire les transparents, faire attention à sa gestuelle, utiliser le rétro-projecteur, varier le rythme et le volume, faire des pauses si nécessaire.

Édith: Vérifier les structures et les expressions, répéter devant un/e ami/e francophone, prononcer clairement (ne pas écorcher) les noms propres et vérifier les dates.

C 1 considérer 2 maîtriser 3 approfondir 4 relier 5 utiliser 6 répéter 7 faire relire 8 regarder 9 varier 10 vérifier

D Ex 1 1 bien connaître 2 a bien réfléchi 3 mal recopiés 4 mieux préparer 5 ont mal compris

D Ex 2 1 de ne pas parler 2 n'oublies pas 3 je ne les ai pas numérotés 4 pour ne pas perdre le fil

3.2

A 1 Plusieurs réponses sont possibles, mais les réponses les plus probables sont: a.–iv, b.–vi, c.–v, d.–ii, e.–iii, f.–i

C 2 Para 4: avantages mais un problème majeur: absence de contrôle
Para 5–7: exemples de ce problème
Para 8–10: les solutions éventuelles au problème

3.3

B 1 buts informatif et argumentatif (Internet ne peut être qu'un précurseur du réseau d'autoroutes mondial), schéma d'organisation: évaluation
3 **le contenu** = semblable; **le style** = plus complexe . . .

C 1 cependant 2 notamment, de même, aussi, enfin, de plus 3 donc 4 ainsi
5a. (certaine) 6 même si

D 1   **a.** a été conçu **b.** est destiné **c.** a été constitué d' **d.** permet **e.** tend à **f.** comporte **g.** est mal adapté à **h.** démontrent

D 2   **a.** la colonne vertébrale, c-à-d, la base **b.** ici, le paiement: l'Administration fédérale assume la responsabilité financière d'une partie de son exploitation. **c.** sa capacité de fonctionner sans difficultés **d.** en vue de les lancer sur le marché **e.** l'information circule entre individus et non pas d'une façon organisée.

E Ex 1   (voir texte 3.3)

E Ex 2   Plus de verbes au passif et de participes passés apposés dans le texte 3.3 que dans le texte 3.2. Ces éléments contribuent à donner l'impression que le texte 3.3 est plus dense et moins direct que le texte 3.2, qui est en effet écrit pour de jeunes lecteurs.

         Verbes au passif Texte 3.2: 1 ne seront jamais payés Texte 3.3: 8 a été conçu, a été constitué, n'est pas conçu, être intercepté, après avoir été raccordé, n'est pas garanti, est mal adapté, est lié

         Participes passés: Texte 3.2 prévue, chargé, détournés Texte 3.3 subventionné, destiné, prévu, abaissés, ouvert, envoyé, protégés

3.4

B 1   3–1–2 3 Comment un tel essor dans les télécommunications a-t-il pu se produire en si peu de temps? 4 grâce aux quatre découvertes: le numérique, la compression, le commutateur ATM, la fibre optique 5 a. Le numérique: il s'agit d'un système qui permet de transporter par le fil du téléphone des informations pouvant être déchiffrées et manipulées par un ordinateur. b. La compression: il s'agit de réduire le nombre de zéros et de uns constituant un message numérisé pour permettre le transport d'images à grande échelle. c. Le commutateur ATM sert à organiser la circulation des informations. d. La fibre optique: l'introduction de la fibre optique permet la diffusion d'images et de services interactifs jusqu'au domicile des particulier/s 6 Grâce à ces quatre découvertes, chacun disposera de l'information 'au bout des doigts'.

C   **Introduction:** – établit la situation actuelle – pose une question – propose une réponse à cette question – indique l'organisation de son exposé

     Développement – développe sa réponse à la question posée – donne des exemples concrets

     Conclusion: – résume son point principal – cite des experts – parle en termes généraux de développements futurs

3.5

A 1   Il est important qu'**ils** soient tapés, il faut aussi **les** numéroter 2   ... de **lui** couper les vivres 3 **Cela leur** revient moins cher 4 pour **eux** 5 j'**y** allais à pied 6 Il y **en** a plusieurs. 7 **celui** des récentes découvertes technologiques 8   Ce livre est **le mien** et **celui-ci** est **le tien**.

     Ex 1   1 nous 2 eux 3 lui 4 elle 5 soi

     Ex 2   1 leur 2 les 3 lui 4 la 5 le

     Ex 3   1 y 2 en 3 en 4 y 5 en 6 y

     Ex 4   1 celui 2 celle 3 ceux 4 celles 5 ceux

     Ex 5   1 Ç', ça 2 ils 3 c', c', Il 4 ils, Cela, cela 5 c', elle

     Ex 6   1 qui 2 ce qui 3 ce que 4 que 5 ce que 6 ce qui 7 Ce qui

     Ex 7   1 dont 2 laquelle 3 lequel 4 qui 5 auxquelles 6 qui

     Ex 8   laquelle, y, qui, qui, dont, eux, me, ceux, ceux, l', lesquels, qu'

3.7

B 2 Le but du reportage est informatif (informer le public sur la voiture électrique) et
argumentatif (convaincre le public que la voiture électrique est une innovation très
positive).

3 Introduction: la situation actuelle – illustration: un cas précis – historique de
l'initiative – évaluation: aspects positifs et négatifs – conclusion: prise de position et
reprise des arguments positifs.

C 1

Éléments	Les nouvelles télécommunications	La voiture électrique
Angle de vision	Mme Nota parle directement à son public seulement de temps à autre: 'la question que tout le monde est en droit de se poser . . .', 'prenons l'exemple d'un débat TV' . . . 'regardons ce schéma. Vous pourrez recevoir . . .' Sinon, la description est objective et neutre. L'exposé cherche à communiquer une information complexe, d'une façon structurée.	Le présentateur cherche à imiter le style d'une conversation: 8 impératifs, ex. 'Laissez-moi vous raconter; 4 verbes à la forme 'vous'; commentaires personnels, ex. 'Incroyable, mais vrai'. Il cherche à impliquer l'auditeur en lui racontant la journée de Jacques Meunier, en posant des questions directes tout au long de l'exposé et dans la conclusion, où il cherche à persuader. Le commentaire est subjectif, le journaliste voulant convaincre ses auditeurs.
Style	Syntaxe de l'écrit: Phrases passives Verbes impersonnels Phrases plus longues, beaucoup de subordonnées	Syntaxe de l'oral: Dislocation: ex. 'les voitures électriques, ça démarre!' 'Sa 106 électrique? Il l'adore.' Expressions elliptiques: 'La raison?' 'Question vitesse?' Phrases courtes: peu de subordonnées, surtout dans le récit de la journée de Jacques Meunier Locutions vides: 'bon, alors, hein, ben'.
Registre	Français standard–soutenu	Français standard–familier: ex. 'ça démarre, la France se branche, un jeu d'enfant, ce n'est pas encore formule 1'
Voix débit, rythme, accentuation, intonation	rythme lent, débit constant	Variations de débit, de rythme, d'accentuation et d'intonation

D   1   brancher = to plug in, être branché = être à la mode, se brancher = to be up to date, to catch on, to plug in; démarrer = to start up, to drive off, but also to take off, to get off the ground in the sense of becoming popular

         2   **a.** avoir raison des résistances = vaincre les résistances **b.** Jacques a *presque* écrasé un piéton **c.** la 106 ne fait pas de bruit **d.** a accepté de participer à une expérience (un cobaye = a 'guinea-pig' in an experiment) **e.** le moteur ne s'use pas, pas besoin de le remplacer

E   Ex   1 Expliquez-moi! **2** Demandez-le-leur! **3** Discutez-en avec lui! **4** Téléphone-lui ce soir! **5** Lève-toi!

Chapter 4

Introduction

Translation is one of the skills which students use instinctively to help them in their learning; it is also a skill frequently required of any bilingual. This chapter introduces translation, summarising and interpretation from French to English as a transferable skill, rather than a pedagogic test. Students need to develop not only their sensitivity to the French language, but also their range and fluency in their mother tongue. As such, translation and interpreting may be good areas for team teaching by native and non-native speakers – and for group work and peer correction.

Interpretation is a complex skill, requiring many years of practice. Our aim here is simply to familiarise students with the task of interpreting and suggest some exercise types which can be practised regularly with various types of material.

The theme here is Europe and French–British relations.

> *Savoir-Faire:* **Prepare a dossier of translations**
> **Provide consecutive interpreting**
> **Provide liaison interpretation of a discussion**

Aims

This chapter helps students to:

▷ understand the different types of interpreting
▷ practise different types of interpreting
▷ develop their fluency in both French and English
▷ widen their knowledge of the European Community
▷ develop revision skills for translation
▷ practise different types of translation

Preparation	2 hrs	4.1 'Le métier d'interprète' Prepare À VOUS 1	listen and take notes
Class 1	30 m. 1 hr 30 m.	Review 4.1 and À VOUS 1 4.2 Découvrir: l'interprétation 'L'union politique est-elle possible?' 'Les institutions-clés de la CE'	discussion from notes speed-reading, take notes and consecu- tive interpretation speed-reading, take notes and liaison interpretation
Preparation	3 hrs	4.3 'La montée vers Bruxelles de Jacques Santer' À VOUS 3	read, analyse and note write article in L1
Class 2	15 m. 30 m. 1 hr 15 m.	À VOUS 2 Review 4.3 4.4 'Interview avec Jacques Santer': A and B	oral fluency practice discuss from notes listen, note and oral summary
Preparation	1 hr 1 hr	À VOUS 4 4.5 Les articles	translate and record structure practice
Class 3	45 m. 1 h 15m.	Review 4.5 4.6 Stratégies A, B and C 'La cuisine anglaise sur le gril'	grammar discussion evaluate and revise translation read, note and discuss
Preparation	2–3 hrs	4.6 D, E and À VOUS 5	read, revise, translate
Class 4	45 m. 1 hr 15 m.	Review 4.6 4.7 'Chronique: Visite de Jacques Chirac . . .'	evaluate and compare translation listen and notes and translation
Preparation	3 hrs	À VOUS 6 4.8 Savoir-Faire: A and B or C	summarise in L1 and record, translation or interpretation

4.1 Écoute

This interview covers the different types of interpreting, as well as the skills and qualities required of an interpreter. In discussing 4.1, emphasise the different skills required by interpreting and translation.

4.2 Découvrir

This section builds on the distinctions in 4.1 and proposes tasks where learners can get a feel for interpreting. First, an oral summary from a short written text, to focus students' attention on effective note-taking. To deliver a fluent summary in the L1, they will need to identify the main points of the text quickly. The work from Chapter 3 on text schema should be useful here.

4.2B   *Exercice de continuité*: The 15-minute time limit is to discourage students from writing out their translation: stress that they should only use notes.

4.2C   Students compare note-taking strategies first with their partner and then with the example of notes and abbreviations given. This should help them evaluate their own strategies.

4.2D1   A further note-taking task here so that students can put their insights from 4.2C into immediate practice. You may wish to set a time limit for this exercise. It leads on to an interpretation exercise from an oral source.

4.2D2   The interpretation exercise is designed for a language lab. The audio recording is 'exploded' and plenty of time is left for students to record their interpretation. Remind any who find the exercise stressful that they can, as a last resort, pause their recording. Time permitting, let students try the exercise several times. There is a further passage for interpretation in 4.8.

À VOUS 2

Students often need to develop fluency in LI, particularly when working from a French source. The activity in À VOUS 2 works on fluency in both languages and can be done *at any time* – e.g. as a filler in a class or as a warm-up activity.

4.3 Lecture and 4.4 Écoute

The article in 4.3 and the interview in 4.4 offer 'archive material' on Jacques Santer. Both are from January 1995 and focus on Santer's accession to the Presidency of the European Commission. Of course, by March 1999, he had been forced to resign, together with the whole Commission, following allegations of fraud and mismanagement in various departments. However, both the article and the interview raise issues which are still current: for example, Santer puts great emphasis on the need for the Commission to respond more effectively to the concerns of the general public (this links to a similar point raised by Janine Mossuz-Lavau in Chapter 6: 6.2 and 6.3), and on the '*collégialité*' of the Commission (mentioned in 4.2 *Les institutions-clés de la Communauté européenne*). Ironically, it was this collective responsibility which led the Commission to resign *en bloc* in 1999.

Encourage students to explore these materials both in terms of the personal portrait they offer of a European politician and the insight they provide into the functioning of the Commission. Those who are interested in European politics and contemporary history may like to investigate the challenges faced by the European Commission in recent years, and, in particular, the difficulties which led to Santer's resignation. Students will need access to back copies of the French press.

The article from *Le Monde* in 4.3 is relatively long and complex but the strategies covered in 1.6 should prove useful here. It also offers background information which will be useful for the interview in 4.4.

À VOUS 3

Students need to think carefully about newspaper style in English here, relating back to points raised in Chapter 2. Encourage them to look at the newspaper for which they are translating to get a feel for its 'style'. If you have a large class, allocate different papers to different groups.

Any product written in LI can usefully be evaluated by students themselves, thus bringing into play the revision skill that will be the focus of 4.6.

Having read 4.3, students will have some background knowledge to tackle this interview. The proposed task here is an oral summary, best undertaken in a language lab. To encourage students to work from notes only, ask them to hand in their notes, together with their recording, for evaluation.

À VOUS 4

This task requires *translation*, not interpretation, but remind students they should translate the passage so that it sounds like spoken, not written language. Encourage them to record their passage and hand in both the written text and the recording for assessment. Again, peer assessment could work well here.

4.5 Grammaire

The use of articles is a clear area of difference between French and English: thus translation has been chosen as a strategy here.

4.5C The analysis of *du, de la, des* under C may be controversial. Some analysts have argued that *de* should be seen as a partitive article, not a preposition. The approach we present in 4.5 has practical merit in helping students to understand, in particular, why it is *Il me faut **de** la farine* but *J'ai besoin **de** farine*. For more detailed analysis on article usage in French and English, see Judge and Healey, 1983: 28–36; Lang and Perez, 1996: 15–27; Hawkins and Towell, 1996: 25–40; L'Huillier, 1999: chapter 23.

4.6 Stratégies

4.6A The emphasis here is on producing a text which reads well in the target language and is appropriate to the aims of the original author. The absurdity of the English translation presented in 4.6A should encourage students to reread their own translations carefully.

4.6B The article from *Le Point* is a fairly light-hearted commentary on French and British attitudes to food over the centuries. The task here is to translate it for an airline in-flight magazine. It offers ample challenges to the translator, but its content is straightforward. Since effective translation rests on detailed understanding of the text and sensitivity to style, the exercises in B focus on comprehension and interpretation of the article. This is followed by critical assessment of possible translations of paragraphs 1–3, which can either be done in class or in preparation.

À VOUS 5

After working together on revising translations in 4.6, students work together to produce a final 'good' translation. Encourage them to word-process their drafts so that revision is easier. Invite each group to assess others' translation.

4.6E The *Grille de révision* is designed to help students adopt a strategic approach to revising their translations. It can be used with any translation exercise.

4.7 Écoute

This passage continues the theme of Franco-British relations in a personal, tongue-in-cheek, 'chronique' style – again, a complex journalistic style which poses quite a challenge for translation. Since transcription is involved, this section is best completed in a language lab or in self-access.

À VOUS 6	

Another translation task for a particular medium, writing a text which will be spoken. Remind students of the two key strategies for approaching summaries (2.6) and encourage them to record their translations so that they can assess how effectively their text works when it is read out loud. Reading out loud (but in the L2) is taken up in Chapter 5.

4.8 Savoir-Faire

The projects here involve translation and interpreting. In A, students collect and translate their own texts. In B they practise interpreting recordings from earlier chapters. You may decide to set only one of these three tasks, given the number of À VOUS production exercises students have already completed.

Extension activities

Translation and interpreting

The skills of translating and interpreting can obviously be applied to any material. A useful exercise is to evaluate bilingual documents, such as tourist brochures, web pages or technical manuals. Ask students to distinguish the original text from the translation. The *Guardian Weekly* with its translations of articles from *Le Monde* is a useful source of models against which students can compare their own translations.

For interpreting, any recording can be exploded for liaison practice, but students can practise consecutive interpreting very easily with any of the recordings from *Savoir-Faire*. This may be a useful way of revising earlier chapters. Liaison interpretation can be set up with one student interviewing a native French speaker while another interprets. Dubbing – i.e. translating the sound track – of film dialogues, TV news reports and documentaries is a particularly challenging translation task, since there are limits on the amount of time allowed for the translation. Some language CD-Roms, such as E. Broady and U. Meinhof (1997) *Télé-textes*, version 2 (OUP/Wild Strawberry), provide tools for recording over video news clips.

Finding out about Europe

Brochures and videos about the work of the European Community are available from Centre d'Informations sur l'Europe-GIE, Le Socle de la

Grande Arche, F–92044 Paris la Défense Cédex. A particularly accessible guide is Nathan's *Guide de l'Europe des 15* (François Boucher, José Echkenazi), published in 1995.

Key to activities

4.1

B   1 Yves a été formé 'sur le tas' – il n'a pas fait de formation. Il a commencé par doubler des films. 2 L'interprétation sociale: se fait dans les tribunaux, et dans la 'communauté'. Le chuchotage: c'est lorsqu'on chuchote son interprétation à un petit groupe de 4 ou 5 personnes dans, par exemple, un congrès. L'interprétation de liaison: on traduit une phrase à la fois. L'interprétation consécutive: on prend des notes pendant 5–10 minutes et puis on interprète ce qui a été dit. L'interprétation simultanée en cabine: on interprète simultanément ce que dit l'intervenant. 3 pouvoir se déplacer, prendre l'avion – en particulier rentrer en France, rencontrer des gens nouveaux, apprendre des choses nouvelles, descendre dans des hôtels de luxe. 4 de la patience, du sang-froid, du charme, de la diplomatie, et de la 'stamina' (anglicisme = la résistance physique, l'endurance).

C   1 une formation sur le lieu de travail 2 recracher = to spit out again: ici = dire sans trop réfléchir 3 se reprendre, réparer une erreur 4 pénible, difficile, gênante 5 la maîtrise de soi

D   Ex 1   1 ce qui, ce qui 2 ce que, ce qui 3 ce qui 4 ce qui

        Ex 2   1 Est-ce qu'il vous arrive de vous endormir pendant les cours?

                2 Jacques ne peut pas venir – il lui reste trois visites à faire

                3 Il m'arrive d'aller au travail en train

                4 Il me faut 45 minutes pour terminer ce travail.

                5 Il nous manque Hélène et Frank – nous ne pouvons pas encore commencer la réunion.

4.2

C   √ = yes, good thing; ∴ = therefore; ↳ = leads to; ≠ = differences, contrary to; ↗ = increasing

4.3

C   1   **a.** vainqueur, parce qu'il n'y avait pas d'autres candidats **b.** un président insignifiant, faible **c.** boire après avoir choqué les verres en signe d'amitié **d.** décanter = se donner un temps de réflexion pour mieux comprendre **e.** un cabinet (d'un avocat) = ensemble des affaires d'un avocat (a legal practice), une pépinière = (lit. a nursery for plants) un établissement qui fournit un grand nombre de personnes à une profession **f.** le fait de participer activement aux actions d'une organisation politique **g.** (mot inventé) ceux qui constituent la hiérarchie de la Commission européenne **h.** la collégialité = système d'organisation ou le pouvoir exécutif est exercé par un groupe, qui assume collectivement la responsabilité des décisions prises (= collective responsibility)

C 2 À *titre indicatif*:
    a. with no more pomp and circumstance than if you were ushered into the office of an important provincial lawyer
    b. There's no getting even the slightest mean comment from him.
    c. Europe needed someone who could bring people together around the table.
    d. He came into regular contact with European issues when he was a Euro MP in Strasbourg. (NB: French – unlike English – can use the present tense in a narrative of past events. » 5.5).
    e. He's affable and relaxed, he's someone who takes the time to listen to everybody, but don't be taken in (trust appearances), he's an early riser!
    f. The heads of state had enough of being told how to do things by Jacques Delors and wanted a biddable President.
    g. No Commissioner can consider his portfolio as his exclusive preserve.

D
    Ex 1 1 n'avais 2 connaissais 3 n'avait jamais existé 4 voulait 5 savait
    Ex 2 1 Jacques Delors: Il est français. C'est un homme politique très habile. 2 François Mitterrand: Il a été président de la République de 1981 jusqu'en 1995. C'était un homme très cultivé. 3 Simone de Beauvoir: Elle est écrivain. C'est une femme remarquable. 4 Brigitte Bardot: Elle était actrice de cinéma. C'est l'une des personnalités françaises les plus connues à l'étranger. 5 Albert Camus: Il était journaliste et écrivain. C'était l'un des grands écrivains existentialistes. 6 Eric Cantona: il est français, mais il a travaillé en Angleterre. C'était un footballeur extraordinaire.

4.4

A
    1 You're not very well known in France. Tell us a little bit about yourself.
    2 Are you often in this country, apart from your professional obligations?
    3 When you were nominated, or rather on the eve of your nomination, some rather unflattering comments were made about you. Were you upset by those who saw fit to emphasise your reputation as a 'bon-viveur', as opposed to your serious side?
    4 Do you intend to be a strong president?
    5 When Jacques Delors began his first presidential mandate, his motto was 'Down with Eurosclerosis'. What is yours? What is the message you want to get across? *Traduction possible*.
    The key message at the present time is to cut across the divide which has arisen – and the European elections have clearly shown this in almost all our member states – the divide between the perception of Europe that people have in terms of their everyday lives and on the other hand, the perceptions of the politicians, the economic and social decision-makers. So we've got to try to get over, win back, public opinion so that we can make it clear that at the present time there is just no other possible alternative as far as building Europe is concerned – and that's a crucial task, perhaps not such a simple one, but if we want to succeed, we've got to head straight for the problems which concern ordinary people at the present time.

4.5

A
    1 **a.** I like translation. **b.** I did the English translation of the latest novel by Daniel Pennac. **c.** I did a translation last night. **d.** I've done French translations.

> **e.** After university, I did some translating. **f.** I've done a lot of translation/translating **g.** I've done a lot of translations. **h.** A lot of the translations I did were technical notes.

2 En français on emploie l'article défini pour parler d'une catégorie ou d'une classe, alors qu'en anglais on n'emploie pas d'article dans ce contexte.

3 L'article indéfini se réfère à une chose nombrable (une traduction, des traductions) alors que l'article partitif se réfère à une chose innombrable.

4 **f** = a lot of translation = une activité fréquente **g** = a lot of translations = un résultat important **h** = a lot of the (specific) translations I did . . . on se réfère à des traductions spécifiques

B **Ex 1** 1 Aussitôt que la neige fond, les gens se mettent à sortir. (1.1)
2 Depuis quelques années, les publicitaires préfèrent la télévision. (2.3)
3 Les Français préfèrent la presse magazine aux quotidiens. (2.3)
4 Le temps passe très vite. (4.1)
5 On m'a demandé de doubler des films. (4.1)
6 Ce qui me plaît le plus, c'est de rencontrer des gens nouveaux, d'apprendre des choses nouvelles. (4.1)
7 Il existe des divergences entre les États (européens). (4.2)
8 Lorsque les gens ont peur de l'avenir, ils redoutent le changement. (4.2).

Ex 2 1 J'ai besoin de sel et de poivre 2 J'ai besoin de la grande casserole 3 J'ai besoin de l'éplucheur 4 J'ai besoin d'herbes de Provence 5 J'ai besoin d'oignons 6 J'ai besoin des ciseaux 7 J'ai besoin de la recette 8 J'ai besoin d'aide!

C **Ex 3** 1 le taux d'inflation 2 le prix du papier 3 des hôtels de luxe 4 le ministre des Affaires Étrangères 5 le champion du monde 6 la montée du chômage 7 la prise de notes 8 un professeur de français 9 le réseau des transports en commun 10 la baisse des impôts

D **Ex 5** d', des, de l', le, de la, L', des, du, des, du, d', le, les, de, de, d', la, de l', des, les, La, du, les, les, les

4.6

B 1 Pourquoi les Britanniques (. . .) refusent-ils de se donner autant de mal que les Français pour se nourrir?

2 Stephen Mennel, sociologue, professeur à l'université d'Exeter.

3 Chronologie

4 **Au Moyen Âge**: L'alimentation de la noblesse était similaire des deux côtés de la Manche.
Au XVIIIe: En France, l'aristocratie adopte une gastronomie raffinée, promue par Louis XIV. En Angleterre, la norme des classes supérieures reste une cuisine du terroir, 'simple mais bonne'; celle qui est préférée par les *squires*.
Au XIXe: En Angleterre, à cause du 'code social puritain', certains ingrédients sont rejetés et on préconise la surcuisson des légumes. Une cuisine 'banale' et économique, sauf pour l'aristocratie où l'on découvre les plaisirs de la grande cuisine française.
De nos jours: Malgré une demande de bonne cuisine (ex. prolifération de restaurants étrangers à Londres) les Britanniques consomment toujours beaucoup de conserves et de surgelés et négligent les produits frais.

5 À cause de leur histoire et de la structure sociale du pays (la dominance des classes moyennes, la révolution industrielle, l'avènement au XIXe d'une bourgeoisie puritaine.)

C   En français on emploie souvent le présent (présent historique) pour décrire le passé dans un texte chronologique comme celui-ci.

D 4 **a.** eroded **b.** politically active **c.** the poor **d.** the left-overs **e.** bland **f.** tinned foods
   5 *traductions possibles*:

      a. Puritan social values held that the instincts should be repressed and this led to the emergence of some curious food phobias.

      b. It was a time for frugality.

      c. the main meeting place for London's gentry

      d. the fashion among the upper classes for (employing) renowned French chefs only served to emphasise the gastronomic wasteland elsewhere.

      e. retain an unfortunate liking for . . .

E *exemples possibles (sauf pour e et g)*

      a. *une* première *cassure . . . est apparue* au XVIIIe → *the* first break *came* in the 18th century

      b. *l'évolution* de la cuisine → how cooking *has changed*

      c. *craquer* → *to fall for, not* to crack (Voir aussi E4)

      d. *à la même époque* → at the same *time* (common expression), *not* epoch (rare expression)

      f. *les plaisirs de la table* → good food, *not* the pleasures of the table

      h. *bœuf à la mode* → *bœuf à la mode, not* fashionable beef, since a French dish is referred to

      i. tant qu'on n'y *prend pas plaisir* → *enjoy* it (short, direct expression), *not* take pleasure in it (long winded for a journalistic context)

4.7

B **1** Nous nous *agaçons* car nous nous *ressemblons* très profondément. **2** argumentatif – sa thèse: les Anglais et les Français se ressemblent, ont des intérêts communs, mais également des divergences; informatif – expliquer les perspectives de la France et de la Grande-Bretagne en matière de politique internationale **3 a.** la France **b.** l'Angleterre **c.** l'Angleterre **d.** l'Allemagne **e.** la France, l'Angleterre **f.** la France **g.** l'Angleterre **h.** l'Angleterre **i.** l'Angleterre **j.** l'Allemagne

C **1** Voir transcription: **a.** La reine déroule le tapis rouge . . . le Vatican.
      b. Les Britanniques, eux . . . boudent l'Europe **c.** L'une et l'autre, la Grande-Bretagne et la France . . . toujours liés au monde par la permanence de ce passé **d.** La France veut au contraire d'une Europe puissante . . . conception insulaire de sa souveraineté **e.** mais cependant consciente . . . qu'il lui faut d'autant plus . . . puissance du continent.

D Ex 1 **1** Nous nous reverrons la semaine prochaine, n'est-ce pas?
      2 Steven et Sue se sont rencontrés chez moi.
      3 Vous vous connaissez?
      4 On se dit 'tu'? On se tutoie?
      5 M. Chirac et M. Blair se sont serré la main.

   Ex 2 **Notre** économie était plus forte que la **leur**.
      1 les siennes **2** le mien **3** le sien **4** Leurs . . . les nôtres **5** Leur . . . la nôtre **6** Votre . . . nôtre **7** Vos . . . les nôtres

   Ex 3 **1** laquelle, qui **2** qui **3** dont, dont

Chapter 5

Introduction

This chapter focuses on storytelling. Reading fiction and creative writing are skills which are often personally motivating and should push students' language resources to new limits. Understanding how stories are constructed underlies our interpretation not only of novels, but also of films, which are one of the topics in of Chapter 7.

Reading out loud is a neglected skill, but one which has considerable importance for any second-language user. Voice training can help overcome embarrassment at using a foreign language and encourage students to develop their oral confidence. In earlier chapters, we encouraged students to speak from notes, rather than a full text, in order to encourage fluency and flexibility. However, reading from a text also has a place, particularly as far as expressive uses of language are concerned. In this chapter, we explore the communicative potential of intonation and speed of delivery, as well as some of the differences in pronunciation between English and French.

> *Savoir-Faire: Write a story and read it aloud*

Aims

This chapter helps students to:

▷ become aware of different story types
▷ understand the internal structure of a story
▷ plan and write a story
▷ develop a better understanding of the use of past tenses in narrative
▷ develop strategies for reading out loud
▷ improve their pronunciation and intonation

Preparation	2 hrs	5.1 Micro-campus: lire pour son plaisir Prepare À VOUS 1	listen and note
Class 1	1 hr 1 hr	Review: 5.1 À VOUS 1 5.2 Découvrir: les procédés narratifs	discussion discuss and present intensive reading text reconstruction
Preparation	2 hrs	5.3 *Vendredi ou la vie sauvage* À VOUS 2 Prepare À VOUS 3	read, analyse and note write brainstorm ideas for a story
Class 2	30 m. 30 m. 1 hr	Review of 5.3 Discuss À VOUS 3 5.4 Interview avec Michel Tournier	discussion discussion, peer evaluation discussion, listen and note
Preparation	2 hrs 1 hr	À VOUS 4 5.5 Grammaire	write first draft of story structure practice
Class 3	30 m. 1 hr 30 m.	Review 5.5 5.6 Strategies on reading aloud	structure practice pronunciation read out loud
Preparation	1 hr 30 m. 30 m.	5.7 Récit: *Le Petit Prince* À VOUS 5	listen and write summary, analyse notes for discussion
Class 4	1 hr 1 hr	Review 5.7 À VOUS 5 5.8 Savoir-Faire: starting draft 2	discussion discussion revise and write
Preparation	2–3 hrs	5.8 Savoir-Faire	write and read out loud

5.1 Écoute

5.1A This exercise is a warm-up to get students thinking about different fictional genres. Even if individual students are unable to give examples of each genre from their own reading, their notes can serve as the basis for discussion.

5.1C These exercises aim to help students notice and practise key expressions in preparation for À VOUS 1.

À VOUS 1

Here, students themselves discuss in small groups their favourite books and authors, recycling the vocabulary covered in 5.1. This also prepares them for 5.2 which looks at the key elements of a story. Invite a member from each group to sum up the discussion at the end, drawing any conclusions on the kinds of books that members of the group seem to prefer.

5.2 Les procédés narratifs

This section provides the beginnings and endings of four novels to trigger reflection on the construction of stories. If your students prefer a more 'instinctive' and less analytic approach, ask them to read the beginnings and choose the story they would most like to read. Ask them then to predict how the story might finish. They can then check their predictions with the endings.

5.2C This exercise aims to develop students' awareness of techniques for story telling. While the term *focalisation* may not be familiar, the similar concept of *angles de vision* was raised in 2.2.

The novels and short stories of Alain Robbe-Grillet (for example, *Le Voyeur*, *La Jalousie* and *Instantanés*, published by Éditions de Minuit) provide particularly striking examples of *la focalisation externe*, and extracts from these novels lend themselves to creative writing exercises, based on changing the *focalisation*.

5.3 Lecture

Students explore the internal structure of the first chapter of Michel Tournier's *Vendredi ou la vie sauvage*. Adapted from Tournier's novel *Vendredi ou les limbes du Pacifique*, *Vendredi ou la vie sauvage* was written for younger readers, telling the same story but in a simpler style. The extract provides a useful model for story writing and exemplification of the grammatical structures typically involved, e.g. *expressions temporelles*, use of past tenses and inversion of verbs of speech. Since the original Robinson Crusoe story should be familiar at least to some students, the extract should lend itself to discussion about contemporary 'reinterpretation' of classic stories in literature and cinema. This is in fact the key issue discussed in the interview with Michel Tournier in 5.4.

À VOUS 2

This is a brief productive 'interlude' in a fairly lengthy exploitation of Tournier's text. Students prepare their texts out of class. At the following class, they could exchange texts for correction and discuss in small groups the different approaches taken. Tournier's own opening to Chapter 2 is used as a grammar exercise in 5.5B Ex 2.

5.3D Here students return to *expressions temporelles* introduced in 2.5. Remind them of the table in 2.5C which will be useful for Exercice 1 and A2.

À VOUS 3

À VOUS 3 is the starting point of the project detailed in 5.8: learners start collecting ideas for their own story based on one of the three photographs. Activities 1 and 2 remind them of the elements of story construction from 5.2 and offer a framework for planning. Debrief this activity in class, where any difficulties can be discussed.

5.4 Écoute

Michel Tournier talks here about his approach to the Robinson Crusoe story. Before listening to the interview, students discuss their connotations of 'the desert island'. Michel Tournier makes the point in the interview that the connotations for Defoe's readers would have been very different from those of today's readers.

5.5 Grammaire

Students will have briefly encountered the use of past tenses in 1.7 and 4.3. Section 5.5 focuses more thoroughly on the distinctions between 'foreground' narrative and 'background' descriptive tenses. Useful discussions of French tense usage are provided in Hawkins and Towell, 1996: Chapter 10; Charaudeau, 1992: 'La situation temporelle': 452–75; L'Huillier, 1999: 118–125, 136–38 and 144–47.

À VOUS 4	

Based on the plan they prepared in À VOUS 3, students start writing the first draft of their story (450–500 words). Encourage students to use the *passé simple*. Remind them of the revision checklist in 2.6

5.6 Stratégies

This section, best conducted in a language lab, aims to help students to develop confidence in reading aloud. Through various exercises, they explore the effects of intonation and accentuation. This is consolidated in 5.7 where they evaluate an extract from an audio recording of *Le Petit Prince*, before making an audio recording of their own story.

5.7 Écoute

5.7A This audio extract introduces another accessible story. In A, students focus on identifying the key elements of the story from listening to the recording. This then leads to a story-retelling activity.

5.7B Section B builds on 5.6 and focuses attention on how the readers of the passage use their voices expressively. The transcription of the passage is included to facilitate analysis.

À VOUS 5	

After the analytic activities of 5.7B, À VOUS 5 invites students to react subjectively to St.-Exupéry's story. Again, we use the technique of providing the beginning and ending of a story as a trigger for imaginative discussion.

5.8 Savoir-Faire

Students' task is now to write the final draft of the story planned and drafted in À VOUS 3 and À VOUS 4. Out of class, students finalise their story and record it for submission. Alternatively, students in small groups could select one story from the group, which they then record, acting out different parts and, if recording facilities are available, adding music and sound effects. This kind of creative project often generates high levels of motivation and can be useful for encouraging group cooperation. However, it may not be suitable for student groups whose motivation for French is purely instrumental.

Extension activities

Reading novels for pleasure

To encourage extensive reading, give out a list of accessible novels and short stories, or simply make available as many French paperbacks as you can collect. Ask students to read one of the books and write a review of it, providing a description of the plot, the characters and the setting, as well as an assessment of how accessible/enjoyable the novel might be for fellow anglophone students. Set a time scale for the activity. These evaluations, duly corrected and revised, could then be made available for future cohorts of students.

Key to activities

5.1

A 1f. 2a. 3d. 4e. 5b. 6c.

B 1 Marie lit des romans de voyage, des biographies*, des pièces de théâtre et surtout des romans contemporains. Yves lit des romans policiers et des auteurs surréalistes.
*Marie a dit 'bibliographies': elle voulait dire des 'biographies'.
2 Marie aime s'identifier aux personnages. Yves aime les polars parce qu'ils font vite passer le temps et les romans surréalistes parce qu'ils font passer le temps lentement (c'est-à-dire, ils demandent une certaine réflexion intellectuelle).
3 Dans le polar français, un juge d'instruction décide que vous êtes coupable d'un crime et alors il faut se disculper. Dans le système anglais, c'est le contraire.
4

Auteurs	Simenon	Boris Vian	Daniel Pennac	Molière
Genre	roman policier	roman surréaliste	roman contemporain	pièce de théâtre, satire
Type de récit	intrigue policière	pas de début, ni de milieu, ni de fin: pas d'intrigue	histoire racontée par le personnage principal: le frère aîné.	
Lieux, milieux, thèmes abordés	Inspecteur Maigret; milieu criminel, Paris	C'est comme un rêve, il se passe des choses bizarres	Belleville, quartier de Paris: milieu populaire. Action située en 94/95. Racisme, disparition de certains quartiers. Vie de tous les jours.	

C 1 a. Pennac b. Molière c. Pennac d. Vian e. Molière f. Simenon g. Vian h. Pennac
2 a. horreur, l'intrigue, le coupable b. préfère, l'auteur, les personnages. c. ennuyeux,
une époque. d. passionnants, la fin, des événements

5.2

A 1 **Récit 1: action immédiate** *Événement perturbateur*: les hommes sont projetés de la
fusée. *Lieu de l'action*: l'espace. *Mots qui annoncent le genre du récit*: fusée, espace,
ténèbres, vaisseau, nuée de météores. **Récit 2: portrait** *Notez les mots qui annoncent le
genre du récit*: prisonnier de guerre en Allemagne, carré de tissu jaune, étoile, Juif. **Récit
3: description d'un événement** *Relations entre les personnages*: elle est concierge, il est
locataire. *Lieu de l'action*: dans un immeuble, sur un palier ou dans un corridor.
Événement perturbateur: une serviette imbibée de sang. **Récit 4: monologue du narrateur**
En quoi le récit est-il amusant: la description naïve de la situation.
B 1 **Récit A: fin comique** *Identité des personnages*: le père, la mère et le jeune narrateur.
En quoi la conclusion reflète-t-elle le début du récit: la mère finit par obtenir ce qu'elle veut.
Récit B: accomplissement d'un désir *Lieux de l'action*: l'espace, la terre. *Quelle est
l'importance de l'étoile filante*: elle représente le désir exaucé de l'homme. **Récit C: fin
tragique avec espoir** *D'après vous pourquoi les policiers étaient-ils chez Hélène*: pour arrêter
les résistants. *Pourquoi Hélène s'est-elle jetée par la fenêtre*: pour détourner l'attention des
policiers. **Récit D: fin dramatique sans espoir** *Quels sont les deux personnages qui
figuraient déjà en début de récit*: la concierge et M. Hire.
C 1 Hélène: focalisation zéro. Le petit Nicolas: interne. M. Hire: externe.
L'homme extraterrestre: zéro.
2 Assis au bar, nous attendions tous deux que l'autre fasse les premiers pas. Le patron
qui nous connaissait bien, nous regarda et s'en alla à l'autre bout du comptoir. Les yeux
fixés sur mon verre, les dents serrées, je pensais que c'était toujours moi qui devais
m'excuser. Rosalie, elle, faisait semblant d'être absorbée par un couple assis près de la
fenêtre. Excédé par la situation, je lui pris la main d'un geste brusque. Alors lentement,
elle tourna la tête et me dévisagea longuement. Pour la première fois de la soirée, elle
sourit.

5.3

A 1 **Situation initiale** ▷ Événement perturbateur: l'annonce d'un violent orage
▷ Lieu: à 600 km environ, au large des côtes du Chili ▷ Temps: le 20 septembre 1759
▷ Personnage principal: Robinson
2

Événements	Réaction des personnages
1 un coup de vent fit éclater l'une des voiles	• le capitaine ordonna à ses hommes de replier les autres voiles et de s'enfermer avec lui • le capitaine et Robinson jouaient aux cartes en attendant que l'orage se passe
2 le fanal suspendu éclata contre le plafond, l'obscurité se fit	• le capitaine plongea la tête la première par-dessus la table • Robinson se lèva et se dirigea vers la porte
3 une vague gigantesque croula sur le pont et balaya tout ce qui s'y trouvait	

B 1 a. le ciel b. l'équipage, c., d. le capitaine, e., f. le fanal suspendu g. Robinson h. un choc formidable i., j., une vague gigantesque

C Le dialogue permet de ▷ connaître le tempérament des deux hommes: le capitaine est sage, patient et a beaucoup d'expérience tandis que Robinson est impatient.
▷ renforcer le suspense grace aux paroles du capitaine: 'Quand on entreprend un voyage . . . on part quand on le veut mais on arrive quand Dieu le veut.'

D **postériorité**: tout à coup, après avoir . . . à ce moment-là, aussitôt après
simultanéité: pendant qu', maintenant
antériorité: quelques semaines plus tôt, avant que
Ex 1 *à titre indicatif*: 1 soudain 2 alors 3 quelques jours auparavant 4 alors que 5 à ce moment-là 6 pendant que 7 avant 8 tout à coup
Ex 2 1 Peut-être la tempête se calmera-t-elle 2 Ainsi ne risque-t-elle pas de couler 3 À peine le capitaine et Robinson s'étaient-ils mis à jouer aux cartes que le fanal éclata contre le plafond 4 Encore fallait-il le lancer à l'eau 5 Aussi ordonna-t-il à ses hommes de replier les autres voiles

5.4

B1 **La signification de l'île déserte pour**: Daniel Defoe: une chose horrible, l'enfer. L'homme contemporain: le paradis, la vie simple, la plage, le bain de soleil.
La signification de 'bricoler' et de 'tout faire pour soi-même': Daniel Defoe: horrible. C'était une époque où l'on était servi. L'homme contemporain: un des rêves, une des formes du paradis.
La différence entre les récits de *Robinson Crusoé* de Daniel Defoe: ▷ arrivée sur l'île: par bateau ▷ l'île: florissante, fertile avec des animaux ▷ le personnage: pas d'ambition, ni d'imagination. *L'Île Mystérieuse* de Jules Verne ▷ arrivée sur l'île: par ballon ▷ l'île: un rocher battu par les flots ▷ les personnages: pleins d'inventions
2 Parce qu'il voulait écrire un roman qui soit à la fois mythologique pour donner un statut et une forme aux rêves de l'homme, et d'une actualité brûlante.
3 Robinson Crusoé, vieux, ressent une énorme nostalgie pour son île et décide d'y retourner, mais il revient désespéré sans l'avoir retrouvée.
4 La fin est trop triste. Elle semble impliquer que, peut-être, la merveilleuse aventure de Robinson n'a jamais existé et que c'était un rêve . . .
5 D'après M. Tournier, il faut 'se garder de la tendance que nous aurions tous à retourner sur des lieux d'enfance et en général, dans des endroits où nous avons été heureux'.

C 1 a. actualité b. rêves c. île d. île e. gens f. Robinson g. les enfants h. histoire
2 a. inimaginable b. inlassable c. incontestable d. imperméable e. illisible
f. imperceptible g. inacceptable h. inaudible i. insensible j. insoluble k. inusable.

5.5

A 1 **passé simple**: se rassembla
imparfait: était, jouaient, se déchaînait, était, allaient, remontait, voulait, s'agissait
passé composé: ai lu, me suis aperçu
plus-que-parfait: avait contourné
2 le passé simple, le passé composé
3 l'imparfait, le plus-que-parfait
4 le passé simple s'emploie surtout à l'écrit et le passé composé à l'oral

Ex 1 **passé simple**: **Récit 1**: découpa, furent projetés, furent semés, continua; **Récit 3**: toussota, articula, serra, bougea, se rapprocha, tourna, apparut, tendit, vit, vit, prit; **Récit B**: dit, regarda, poussa; **Récit D**: dit, n'eut

imparfait: **Récit 3**: tenait, était, semblaient, tranchait; **Récit A**: allait, restait, voulait, tricotait, était; **Récit B**: tombait, était; **Récit D**: montait, couchait, se faufilait, était, se penchaient, avait, était, venait, avait

plus-que-parfait: **Récit 3**: s'était accroché; **Récit D**: avait remonté

passé composé: **Récit 2**: a rêvé; **Récit A**: a dit, a demandé; **Récit C**: ont compris, s'est joué, a sauvé

Ex 2 reprit, était, déferla, vint, se laissa, tournoyaient, s'assit, ressentit, se leva, fit, n'était, continuait, commençait, se fit, poussaient, ramassa, s'enfonça

Ex 3 quitta, s'approcha, était située, aperçurent, gesticulait, virent, était, était vêtu, portait, demandèrent, s'appelait, avait quitté, avait été déposé, était resté/resta, dut, n'avait pas vus

Ex 4 1 étalant, éclatante 2 laissant 3 En se vendant, en tentant, s'adressant 4 en utilisant 5 se connectant 6 en obtenant 7 en battant

5.6

A Ex 1 1 **débit lent**: calme, gravité; **débit rapide**: nervosité, agitation

2 *à titre indicatif* **para 1**: débit moyen, intonation variée pour accompagner les événements perturbateurs: le ciel qui noircit, les hommes sur le pont et le coup de vent qui fait éclater l'une des voiles; **para 2**: débit calme, intonation assez monotone: description et récit d'événements passés; **para 3** (début du dialogue): débit et intonation variés selon la personne qui parle: animés lorsque Robinson parle, plus calmes lorsque c'est le capitaine ou lorsque l'on décrit ce qui se passe; **para 4**: le débit s'accélère et l'intonation monte au fur et à mesure que le drame se précise.

5.7

A 1 **a.** le Sahara, époque inconnue **b.** St.-Exupéry: un aviateur; le petit prince: un petit bonhomme extraordinaire **c.** L'avion de St.-Exupéry est tombé en panne au milieu du Sahara. Il doit faire la réparation lui-même, mais il n'a assez d'eau que pour huit jours. **d.** l'apparition du petit bonhomme **e.** Le petit prince demande à St.-Exupéry de lui dessiner un mouton, puis un deuxième, puis un troisième. Le troisième dessin le satisfait.

2 *Réponses indicatives*: **a.** Quelque chose s'était cassé dans le moteur et l'avion était tombé en panne dans le désert du Sahara. St.-Exupéry n'avait pas de mécanicien avec lui et il devait faire la réparation rapidement car il n'avait suffisamment d'eau que pour 8 jours. C'était une question de vie ou de mort. Il devait donc vite commencer le démontage du moteur. **b.** Au lever du jour, il vit un petit bonhomme. Il avait une drôle de petite voix. Il n'avait l'air ni égaré, ni mort de fatigue, ni mort de faim, ni mort de soif. Il n'avait pas l'apparence d'un enfant perdu au milieu du Sahara. **c.** Le petit bonhomme lui demanda de lui dessiner un mouton. St.-Exupéry griffonna un dessin. Mais comme il ne savait pas dessiner, le dessin ressemblait à un éléphant dans un boa. Il en fit un autre. Le petit bonhomme dit que celui-ci ressemblait à un bélier. Alors impatient, St.-Exupéry dessina une caisse et dit que le mouton était dedans. Le petit prince était enfin satisfait.

B 1 *à titre indicatif*

La musique évoque un bruit d'avion. Ensuite c'est un chant lent sur une note, pour souligner la gravité de la situation. À la fin de l'extrait, c'est un crescendo de voix qui célèbre la rencontre entre le petit prince et St.-Exupéry.

2

	Saint-Exupéry	Le petit prince
Débit	rapide	varié
Articulation	claire	claire
Intonation	assez monotone	variée
Volume	correct	correct

3 Entre les lignes 1 et 12, le débit est lent, l'intonation est monotone, les pauses sont régulières et les mots ne sont pas accentués: St.-Exupéry décrit sa situation qui est problématique.

Entre les lignes 16 et 26, l'intonation de St.-Exupéry monte et la voix devient plus nerveuse pour exprimer sa surprise à la vue du Petit Prince. Les pauses rallongent. Certains mots sont accentués: *extraordinaire, gravement, rond, ni . . . ni . . . ni . . . ni . . . ni.*

4 Le changement de voix crée un effet de surprise et de suspense.

C Ex 1 1 vivre, falloir, sembler 2 (a) après le verbe vouloir (b) expression d'incertitude

Ex 2 **imparfait**: je n'avais, c'était, j'avais, j'étais, considérait, je regardais, je me trouvais, me semblait, il n'avait, je ne savais pas, j'étais, j'avais hâte, je le voulais

plus-que-parfait: s'était cassé, j'avais été frappé, j'avais étudié, je n'avais jamais dessiné

passé composé: j'ai vécu, je me suis endormi, m'a réveillé, j'ai sauté, j'ai frotté, j'ai regardé, j'ai vu, j'ai dessiné, je t'ai donné, il s'est endormi

passé simple: je me préparai, je sortis, je me rappelai, je dis, il me répondit, je refis, je griffonnai, je fis

Le passé composé est utilisé pour indiquer un rapport avec le présent . . . dans le dialogue et par exemple lorsque St.-Exupéry s'adresse directement au lecteur pour lui expliquer le contexte de son aventure. Le passé simple est employé pour raconter les différentes étapes de sa rencontre avec le petit prince.

Ex 3 1 qui 2 moi 3 moi 4 lui, dont, celui 5 celui, en 6 ça, le

Chapter 6

Introduction

After Chapter 5, which dealt with literature, we return to current affairs and the values and attitudes of young people, in particular their disillusionment with politicians. A key issue is attitudes to politics. A particular focus is Édouard Balladur's questionnaire, sent out in 1994 to all 15–25 year olds after the disastrous attempt to introduce the CIP (Contrat d'Insertion Professionnelle – offering new entrants to the job market 80 per cent of the minimum wage). We look at strategies for gathering information through interviews and questionnaires and at approaches to reporting findings.

> *Savoir-Faire:* **Conduct a survey (interviews or questionnaire)**
> **Write up findings in a report**

Aims

This chapter helps students to:

▷ understand how a research question is arrived at
▷ reflect on how a survey is organised
▷ develop interviewing skills
▷ formulate questions in a variety of ways
▷ develop sensitivity to different ways of reporting information

Preparation	2 hrs	6.1 Micro-campus: attitudes des jeunes Prepare À VOUS 1	listen and take notes
Class 1	30 m. 1 hr 30 m.	Review 6.1 and À VOUS 1 6.2 Découvrir: l'enquête Analysis of 6.1 À VOUS 2	discuss from notes read and discuss listen and analyse oral interviews
Preparation	2 hrs	6.3 Interview avec J. Mossuz-Lavau	listen and take notes
Class 2	30 m. 1 hr 30 m.	Review 6.3 6.4 'Le questionnaire Balladur': A and B À VOUS 3	discuss from notes read, respond and evaluate draft a mini-questionnaire, interview and group report
Preparation	30 m. 1 hr 1 hr	6.4C 6.5 Les questions Prepare 6.6A and B 'Courrier de star' et 'Au hit-parade'	structure practice structure practice read and analyse
Class 3	30 m. 1 hr 30 m.	Review 6.5 Review 6.6 A and B. Do 6.6C	structure practice discuss from notes analysis
Preparation	2 hrs	6.6D 6.7 'Les Français – valeurs et sports'	structure practice listen and take notes
Class 4	1 hr 30 m. 30 m.	Review 6.6D and 6.7 À VOUS 4 Discuss 6.8 1–3	discuss from notes oral presentation discussion
Preparation	4 hrs	6.8	prepare, carry out and report on a survey

6.1 Écoute

Marie and Hubert first discuss differences in attitudes and habits between England and France, and then the Balladur questionnaire. The interview offers a stimulus for discussion on experiences of French society (À VOUS 1), but also provides background for exploitation of the Balladur questionnaire (6.4 and 6.6). It is also used for analysis of interviewing style in 6.2.

À VOUS 1

This activity could be developed by inviting groups of students to write an article for a French news magazine based on their perceptions of differences and similarities between France and Britain (« 2.8). A further variant would be to set up interviews with native French speakers. Different habits, customs and attitudes also make a good theme for e-mail projects (Chapter 3).

6.2 Découvrir

This section introduces reflection on research methods. First-year students may not yet be familiar with the issues, but social sciences students should be able to call on insights from other courses to inform discussion here. Interviewing – indeed conversation – requires facility in identifying new topics for exchange. In 6.2A1 students brainstorm possible questions on a given topic. The extract from Janine Mossuz-Lavau's *Les Français et la politique* then provides a clear outline of what her research set out to explore, why and how. The major novelty of her work is her insistence on open-ended interviews, rather than questionnaires. We hear more about the results of her research in the audio interview in 6.3. The whole focus of this section is on how different types of question will yield different types of information.

À VOUS 2

Short interviews, lasting 5 minutes, on any topic usually work well as pair work and require nothing more than a bit of imagination. Often the more arbitrary the topic, the more imaginative the students' approach. For example, you could simply allocate random words as topics for interview.

Variants of this activity could involve giving each student a photograph showing a person. He or she is then interviewed as that person. Students can also be interviewed as the person they would like to be (e.g. a Nobel prize-winning astrophysicist instead of a student of languages!).

6.3 Écoute

Contrary to the usual framework, students now prepare an audio interview rather than a written text. The audio cassette will need to be made available for out-of-class study.

Following on from 6.2, Janine Mossuz-Lavau talks about her book *Les Français et la politique*, providing rich detail on French attitudes to politics and the values of the right and the left. At this point you may wish to introduce work on the French political system and the various political parties.

6.4 Lecture

The work on the Balladur questionnaire is designed for class exploitation. Students can work in small groups to answer B1 and 2. This could lead to brief discussion in plenary, followed by more group work as students draft their own mini-questionnaire in À VOUS 3.

À VOUS 3

Students in pairs draft a short questionnaire in class, using the Balladur question-naire as a starting point, and then survey their classmates. Once each pair has surveyed a fair number of their colleagues (e.g. a total of ten, each student in the pair interviewing five others), they should quickly calculate the results of their questionnaire and draw some conclusions from their findings. Obviously such a questionnaire has no validity as a research tool, so students may need to use their imagination in the interpretation of their findings! However, the activity serves as a stimulating language task, involving both written and oral skills. At the end of the class – or at the beginning of the following one – students present the results of their mini-questionnaire.

For a variation on the questionnaire, draft a number of simple statements, e.g.

▷ Tout le monde dans ce groupe lit un journal au moins une fois par semaine
▷ La majorité de ce groupe possède un dictionnaire français
▷ Personne n'aime la grammaire

Distribute a statement to each student. Students then mingle, asking each other questions to check the validity of their statement. When it is clear that most have the information they require, ask them to report on whether their statement was true or false.

6.5 Grammaire

The formation of questions is more complex in French than many students anticipate. Apart from distinguishing interrogative pronouns (particularly *qui* and *que*), they need to become aware of the different interrogative structures and how they are associated with different registers. For a more detailed analysis of the register differences, see Le Goffic, 1993: Chapter 4; L'Huillier, 1999: 636–57.

6.6 Stratégies

This section focuses on writing up reports of questionnaires and interviews and contrasts two different approaches, one personal and 'journalistic', the other more neutral and objective. If possible, get students to prepare the texts out of class, so that the class session can focus on the main conclusions of the Balladur survey and the stylistic differences between the two texts.

6.6D   The section on *le discours rapporté* is worth debriefing in detail. Not only is there the problem of time shift in reported speech, but also the challenge of choosing the correct verb to express the type of speech act. More detailed analysis of this area of grammar appears in Lang and Perez, 1996: 212–18; Charaudeau, 1992: 622–9 and L'Huillier, 1999: section 41.

6.7 Écoute

This listening exercise can be done outside of class, with follow-up discussion in class, including the mini-survey suggested in 6.7A. This latter could provide a lively start to the class.

À VOUS 4	

Commenting quickly on figures is an important transferable skill already practised in 2.1. The exercise here is fairly open-ended, so use time limits if necessary. Students can either model their report on the personal style of Yolaine de la Bigne (6.7) or the neutral style of the *Libération* text in 6.6. Further survey results are easily available from the Ministère de la culture website http.//www.culture.fr/minichiffes, Gérard Mermet's indispensable *Francoscopie*, or Dominique and Michel Frémy's *Quid* (Robert Laffont).

6.8 Savoir-Faire

This project can be adapted to the time available. It is best undertaken by small groups, rather than individuals, as it involves a number of tasks. A long-term project might involve planning over a number of weeks with, say, 30 minutes of class time being devoted each week to project planning. You will need to allocate class time for student presentation of surveys.

Extension activities

French values

Gérard Mermet's *Francoscopie* (Larousse) offers a regularly updated analysis of all aspects of French behaviour. SOFRES's *L'État de l'opinion* is less entertaining and more scholarly in its presentation, but has the advantage of including the exact form of the questions from the surveys reported.

Key to activities

6.1

A 1 la famille, la vie étudiante, le travail universitaire, les relations professeurs–étudiants, l'apprentissage des langues étrangères

2 Le but du questionnaire: mieux connaître les avis des jeunes. Au début, les jeunes étaient enthousiastes, mais ils ont été déçus en se rendant compte que les questions étaient très vagues. Selon Marie, le questionnaire n'a pas eu de suites concrètes (il y a eu un changement de gouvernement peu après).

3 Les repas: en Angleterre, on 'grignote' tandis qu'en France, on s'assoit à table, on consacre plus de temps aux repas. Les sorties: en Angleterre, on retrouve ses amis au pub tandis qu'en France, on les invite plus souvent chez soi.

B 1 a. le travail rappelle les exercices de l'école b. les étudiants ont accès à plus de ressources c. un mécontentement d. le mouvement est devenu de plus en plus important e. il y avait beaucoup d'espoir: les jeunes s'attendaient à ce que les choses changent f. sentiment de dissatisfaction lorsqu'un espoir n'est pas réalisé

B 2 a. Si on a un problème, on peut s'adresser directement à son professeur.
b. L'apprentissage des langues n'est pas une priorité pour les étudiants britanniques.
c. Savoir parler anglais est un but important pour les étudiants français.
d. J'ai l'impression qu'en France, on consacre plus de temps à la nourriture.
e. En France on invite souvent les gens chez soi pour boire un coup, alors qu'en Angleterre on se retrouve au pub.
f. En Angleterre, ce n'est pas une habitude de recevoir des gens chez soi.

C Ex 1 1 découvertes 2 frappée 3 attachés 4 obligé 5 mis en place 6 débouché

Ex 2 1 de ... qu' 2 d' ... 3 Par rapport à 4 de ... alors qu'

Ex 3 1d 2a 3b 4c

Ex 4 1 Le travail qu'on m'a demandé de faire était ennuyeux.
2 On a dit aux étudiants de partir.
3 On a promis à mon fils un poste à temps complet.
4 On vous a permis de voyager en première classe?

6.2

A 2 a. Les sondages montrent que d'un côté, les Français n'ont plus confiance dans leurs représentants politiques, mais de l'autre, qu'ils continuent à s'intéresser aux questions politiques en général. L'enquête vise à mieux comprendre les attitudes des Français.

b. Les entretiens non-directifs 'laissent l'initiative à l'interviewé' et permettent ainsi à l'interviewé de parler plus longuement, alors que les sondages ne demandent qu'une réaction à des questions pré-établies.

C   1 Question ouverte. Pour ne pas commencer d'une façon trop brusque. 2 Pour ne pas limiter la réponse, tout en indiquant différentes réponses possibles. 3a. Au niveau travail; Au niveau des ressources, par exemple; Vous pouvez préciser un petit peu . . . les rapports entre enseignants (. . .) . . . et les étudiants; b. Et pour ce qui est de l'apprentissage des langues; Marie, je voudrais vous parler un petit peu de . . . C'est une questionnaire qui . . . Quelles ont été les réactions immédiates des étudiants?; Ça a donné des suites, ce questionnaire?; Je voudrais vous poser quelques questions sur votre séjour . . . au niveau de la vie étudiante, est-ce qu'on sort plus . . .?; Est-ce que ça veut dire que . . .?

6.3

B   1 une méthode qualitative à partir d'entretiens non-directifs 2 L'ouvrier voulait faire partir les jeunes immigrés qui jouaient devant sa fenêtre. D'abord il a répandu de l'huile de vidange sur la pelouse, puis il a mis du verre cassé! Elle raconte l'anecdote pour montrer le genre d'informations que l'on peut recueillir dans un entretien, mais non pas dans un sondage, et qui révèlent les sentiments profonds des gens. 3 Ils se préoccupent de beaucoup de problèmes globaux et quotidiens ('ce qui se passe dans le monde', 'les affaires de la collectivité'), mais ils rejettent la politique 'politicienne'. 4 Les Français reprochent aux hommes politiques de ne pas prendre en compte les problèmes qui les intéressent, de se livrer à des jeux politiciens et de les considérer comme des 'bulletins de vote' (de poursuivre leurs propres intérêts). 5 Tout en rejetant la guerre entre les factions politiques, les Français s'identifient quand même selon la distinction gauche–droite. 6a. arrêter l'immigration, faire plus d'efforts, réhabiliter la famille et le patrimoine 6b. se battre contre la xénophobie, réduire les inégalités sociales, respecter le développement personnel, aspirer à plus de démocratie, de consultation et de participation 7 les affaires ici = les scandales ('sleaze') 8 Les hommes ont tendance à plus accepter les affaires, à considérer que la gauche y est impliquée autant que la droite et qu'ainsi, il faut tout simplement 'tourner la page'; les femmes sont 'révulsées' et trouvent la corruption politique inacceptable. Cette différence s'expliquerait, selon Mme Mossuz-Lavau, par l'inexpérience des femmes en politique.

C   1 recueillir des informations, déboucher sur une affaire de sang, se préoccuper des affaires de la collectivité, apporter des solutions, récuser les hommes politiques, s'identifier à un parti, se battre contre la xénophobie 2 a. i, b. iii, c. i

6.4

C **Ex1** vite, tout à fait, plutôt, pas du tout, à l'aise, plus, beaucoup, suffisamment, bien, mal, trop, correctement, financièrement, assez, déjà, forcément, personnellement

     Ex2 1 précisément 2 Évidemment 3 énormément 4 Actuellement 5 Contrairement 6 insuffisamment 7 lourdement 8 longuement 9 Apparemment 10 récemment

6.5

A 1   Partielles: **b.** quoi **c.** Comment **f.** Qu(e) **h.** où **i.** Pourquoi **j.** que

Ex 1   **Interview 2.1** Toutes les questions (à l'exception de la deuxième) sont formulées selon la forme 3 (inversion du sujet et du verbe). Le ton est beaucoup plus formel. **Interview 6.1** Les formes 1 (sans inversion) et 2 (avec est-ce que) sont employées. Le ton est beaucoup plus détendu.

Ex 2   *Réponses possibles* **1** Quel âge a-t-elle? **2** La banque, c'est à gauche? **3** Pourquoi les gens veulent-ils s'installer en province? **4** Qu'est-ce que vous faites dans la vie? **5** Vous habitez ici depuis longtemps? **6** Quand est-ce que vous avez vu les enfants pour la dernière fois? **7** Quelle est la cause de cette désaffection de la presse quotidienne? **8** Et l'entretien, ça s'est passé comment? **9** Avez-vous déjà travaillé comme professeur?

Ex 3   **1** Marie, quel genre de livres lisez-vous d'habitude? **2** Ce roman, de quoi parle-t-il? **3** Ce roman ne s'adresse-t-il pas à un public trop intellectuel? **4** Connaissez-vous aussi les classiques, comme Molière? **5** Le questionnaire a-t-il débouché sur des mesures concrètes? **6** Avez-vous pris de nouvelles habitudes en Angleterre? **7** Les Anglais sont-ils moins accueillants que les Français?

Ex 4   **1** Qui est-ce que vous voyez demain? **2** Qu'est-ce que je dois faire maintenant? **3** Qu'est-ce que vous faites la semaine prochaine? **4** Qu'est-ce qui s'est passé hier soir? **5** Qui est-ce qui vient dîner ce soir?

Ex 5   **1** Comment avez-vous choisi l'interprétariat? **2** Qu'est-ce qui s'est passé? **3** Qu'est-ce que vous avez fait en Angleterre? **4** L'interprétation, est-ce un métier difficile? **5** À qui faut-il m'adresser? **6** Est-ce que les mentalités ont changé? **7** Sur quoi mettriez-vous l'accent si vous étiez élu?

6.6 A1

	Jeunes 'Courrier de star' pour Balladur	'Au hit-parade'
a. Réussite?	oui: 'un raz-de-marée' avec 1.5 million de réponses	oui: le total des réponses dépasse 1.559.000
b. Conclusions?	• les jeunes sont bien dans leur peau • leur principal problème: le chômage • ils sont prêts à s'engager • ils récusent les hommes politiques	• une relative satisfaction vis-à-vis de leur entourage proche • une inquiétude face à l'avenir • un désir d'engagement
c. Les jeunes critiquent • **les parents?** • **l'école?** • **les employeurs?** • **les hommes politiques?**	x √ ne les prépare pas au monde du travail √ ne leur font pas confiance √ protègent trop leur propre position	x √ aide insuffisante aux élèves en difficulté, ne les prépare pas au monde du travail √ ne leur font pas confiance ?

2 Il s'étonne du nombre de réponses au questionnaire et le détail dans lequel les jeunes se sont plaints. **3a.** la vie difficile **b.** les sujets de critiques, de plaisanteries **4** Les suggestions auxquelles le journaliste fait référence concernent une réduction de salaire et la retraite à 65 pour les hommes politiques. Un homme politique tiendrait-il vraiment 'le plus grand compte' de telles suggestions?

C **1** Globalement, oui: les deux articles parlent des résultats aux questions 1, 2, 4, 5 et 9.

2 *Le Point* rapporte les réponses aux questions ouvertes, alors que *Libération* ne rapporte que les résultats chiffrés.

3 *Le Point*: style plus libre (expressions elliptiques, ton plus personnel, citations directes des commentaires des jeunes, une interprétation plutôt qu'un rapport objectif); *Libération*: résumé neutre et objectif.

D **1** Seul problème pour eux . . . La faute . . . Résultat . . .

Ex 1 **1** Ainsi **2** puisque. **3** Puisque **4** Pourtant **5** Ainsi **6** Pourtant

Ex 2 imparfait, plus-que-parfait, imparfait, conditionnel

Ex 3 **1** Hélène a affirmé avoir confiance en l'avenir. **2** Jean a souligné l'importance de créer des emplois pour les jeunes. **3** Stéphane a reproché aux employeurs de ne rien faire pour les jeunes, Stéphane a déploré que les employeurs ne fassent rien pour les jeunes. **4** André a déclaré que sans travail les jeunes ne pourraient pas trouver leur place dans la société. **5** Alain a reproché au gouvernement de ne pas avoir mis en place plus de mesures pour lutter contre le chômage des jeunes. **6** Marie s'est déclarée satisfaite en général de ses études. **7** Jeanne souhaiterait travailler dans le monde de la musique. **8** Alex a expliqué qu'il voterait blanc aux législatives parce qu'il n'avait confiance ni dans la gauche ni dans la droite.

6.7

B **1** La première valeur pour les enfants, comme pour les parents, c'est le respect des autres. En dernière position, l'esprit de compétition. 67% des Français pensent que les enfants vont changer la société. 2/3 des enfants ont déclaré qu'ils avaient envie de devenir adulte. Les disciplines préférées des Français sont le patinage, la gymnastique et l'athlétisme. Le rugby et le football n'ont pas la cote. Les enfants aujourd'hui peuvent pratiquer beaucoup de sports. Un nouveau sport qui est très répandu chez les jeunes, c'est le basket. Il y a une tendance vers 'le sport sauvage', c'est-à-dire, le basket de rue et le roller. **3** MacDonald's afin de se faire de la publicité **4** Les actes ne correspondent pas toujours aux paroles. **5** Parce que pendant les années quatre-vingts (les années 'Tapie') l'esprit de compétition était considéré comme une valeur importante. **6** Ce sont des sports où les jeunes peuvent se mettre à l'écart d'une autorité – ce sont des sports qui se font spontanément dans la rue, sans organisation.

C **1** ne peuvent pas toujours s'en offrir **2** deux ou trois éléments qui méritent d'être signalés **3** même si les actes ne correspondent pas toujours aux paroles **4** qui n'ont pas du tout la cote **5** très très très à la mode

D **2** la première valeur, c'est . . . ; indication encore plus étonnante . . . ; par contre . . . ; Deuxième élément sympathique . . . ; Quant aux . . . ; Côté . . . ; Par contre, autre chose . . . .

Chapter 7

Introduction

This chapter builds on Chapter 5, which looked at the organisation of fiction. Here we invite students to examine different types of humour, leading to an exploration of scenarios and films. Students often report watching films in the target language as their preferred self-study activity. The material in this chapter should help exploit that interest more systematically in a variety of production tasks.

> *Savoir-Faire:* **Write a film review**
> **Write a film review in English from French sources**
> **Write a scenario**

Aims

This chapter helps students to:

▷ describe different types of humour
▷ explore verbal humour
▷ understand the components of a scenario
▷ understand the characteristics of reflexive verbs
▷ extend their resources for describing movement and position
▷ explore non-verbal aspects of film and how they are expressed in language
▷ build up a schema for writing film reviews
▷ develop sensitivity to register

Preparation	2 hrs	7.1 Micro-campus: l'humour Prepare À VOUS 1	listen and notes notes for oral narrative structure practice
Class 1	30 m. 30 m. 1 hr	Review 7.1 À VOUS 1 7.2 Découvrir: l'humour	discussion from notes oral narrative discussion
Preparation	1 hr 30 m. 1 hr 30 m.	7.3A 'Vive le rire-plaisir!' 7.3B Sketch de Raymond Devos À VOUS 2	read, listen, analyse structure practice write report in English
Class 2	1 hr 1 hr	Review 7.3 7.4A and B Les Apprentis À VOUS 3	discussion from notes read, write, discuss, perform
Preparation	30 m. 1 hr 30 m. 30 m.	7.4C 7.5 Les verbes pronominaux, faire + infinitif 7.6A	structure practice
Class 3	1 hr 1 hr	Review 7.5 Review 7.6A and complete 7.6B 'Je suis le locataire du cinquième'	analyse, read, write stage directions
Preparation	30 m. 2 hrs	7.6C 7.7 Comptes-rendus de film	vocabulary analysis read, analyse and note
Class 4	1 hr 30 m. 30 m.	Review 7.7 À VOUS 4	discuss from notes oral presentation
Preparation	2 hrs 4 hrs	7.8A or B 7.8C	write/translate film review plan and write a scenario

7.1 Écoute

Four interviewees and Hubert describe the things which make them laugh and discuss how humour is linked to culture. During this discussion, the names of Brétecher and Devos are mentioned; students will have the chance to discuss a Brétecher cartoon in 6.2 and a Devos sketch in 6.3. The discussion ends with Didier telling an 'histoire belge' – admittedly not a very politically correct form of humour, but nevertheless a fairly universal one. The Belgians get the right of reply in 6.3, where a Belgian journalist argues that Belgian 'humour' is superior to French 'wit'.

À VOUS 1

This activity arises directly out of 7.1. You could extend it by encouraging students to bring in examples of humour, particularly French texts, adverts or scenes from films.

Didier's narratives provide useful models for the third part of this activity – joke and storytelling. Since the idea here is for students to 'tell' their jokes and stories out loud to the group, this would be the moment to work again on intonation and phrasing, practising some of the skills introduced in Chapter 5.

7.2 Découvrir

Sections 7.2 and 7.3 explore francophone humour, allowing students to practise the vocabulary for describing humour identified in 7.1 and extend the discussion with reference to concrete examples. The *blagues* in 7.2A are no doubt a universally familiar 'primary-school' genre. The dead-pan humour of *Le Chat* by Belgian cartoonist Philippe Geluck should be fairly accessible. Although in the Brétecher cartoon, the language is more complex, students should be able to identify easily the satire of a self-important TV discussion programme.

7.3A Lecture

This article from the weekend edition of the major Belgian daily *Le Soir* offers more discussion on the nature of humour. Its definition of Belgian humour as based on 'une confusion réalité–rêve' leads in to the Devos sketch in 7.3B. It also provides an example of the *passé composé* and *passé simple* used together.

7.3B Écoute

As Didier pointed out in 7.1, the sketches of Raymond Devos can be very difficult for non-native French speakers to follow. The sketch selected here is one of his calmer ones, while still demonstrating his hallmark word play.

The humour derives from letting imagination take over from reality. The questions in B are designed to help students discover this.

À VOUS 2	

This activity draws on students' reactions to Devos's humour. A report in English rather than French is proposed since the source material is linguistically and culturally complex. It would be helpful if further examples of Devos's sketches could be made available. A number of audio cassettes are available from Phonogram.

7.4 Lecture

This section moves the discussion on humour into the area of cinema, with extracts from the recent César-winning film *Les Apprentis*. This film is available on video.

7.4A Students first have to work out from two pictures what happens in the scene. (If you can obtain a video copy of the film (PolyGram no. 639 532–2), then show the scene from the film with the sound down.) A creative group of students could write out the dialogue as they imagine it and then play out the scene in front of the class. There is then the opportunity to compare ideas with the original screenplay and with comments from the writer/director.

À VOUS 3	

A task that all students can do . . . reading out the scenario and the stage directions.
Students should be encouraged to practise varying intonation and emphasis to represent the different characters effectively.

7.5 Grammaire

Building on chapters 1–3, this section deals with the different construction of verbs and their complements. It focuses on the kinds of constructions students will need to use in writing stage directions (7.8). Students will require a dictionary to complete exercise A.

This is an area of grammar which first-year students often find difficult, so it may be worth allocating some time to debriefing these exercises, particularly those relating to the causative *faire* + *faire* construction. For detailed analysis, see Le Goffic, 1993: 309–28; Judge and Healey, 1983: Chapter 9; L'Huillier, 1999: section 20.

7.6 Stratégies

In this section, students focus on the components which make up a scenario and, through analysing extracts from *Les Apprentis* and *Buffet froid*, access the linguistic resources they will need for writing their own scenario.

7.6B This activity can be organised along the same lines as 7.4. Once students have finished their work on the *Buffet froid* scenario, you can either ask them to act it out or present their ideas to the group. Again, it would be useful at the end of the class to show this scene if you can obtain a video recording of the film.

7.6C For this exercise, students will need access to dictionaries. If they are unlikely to be able to find other examples of verbs with different *standard* and *familier* usages, then provide them with the list of the verbs given in the key and have them research the various meanings of these verbs from the dictionary.

7.7 Lecture

This reading activity prepares students for writing film reviews by inviting them to analyse the contents, first of brief reviews, then of longer ones. These reviews provide useful language as well as exemplifying the basic organisation of a film review: description of the story, followed by evaluation. If you are working on this section in class, you could split the work in B between two groups of students, each one working on one of the reviews only. The two sets of information could then be shared in a plenary feedback.

À VOUS 4

This is designed as an oral discussion activity, but you might want to set written work at this stage in the form of a *compte-rendu de film*. See 7.8 Savoir-Faire.

7.8 Savoir-Faire

A variety of activities are suggested here, all of which build on the skills practised in this chapter and previous ones (in particular, translation – Chapter 4 and understanding the construction of fictional texts – Chapter 5). Some – such as the building up of a dossier of *comptes-rendus* on films

– can be seen as ongoing activities, while C is clearly a large-scale piece of creative work, probably requiring several weeks. It could form the basis of a video production, depending on the skills of the students and the equipment you have available.

Extension activities

Films

Work around films is usually highly motivating. Various activities can be set:

▷ students watch **the whole film** in self-access:
Summaries, reviews, etc., can be written in French or English. These texts, corrected and edited if necessary, could then form a guide for other students
▷ **scenes from films** can be used in class:
From watching a mute version of the scene, students predict what happens next, describe the characters, write the corresponding dialogue. They then compare with the original. Students write English subtitles for a scene: a recording of the scene will need to be made available for self-access.

Examples of recent French comic films which work well with groups of English students: *La Vie est un long fleuve tranquille, Le Bonheur est dans le pré, Les Ripoux, Les Visiteurs, Romuald et Juliette* and *Tatie Danièle*. Summaries of major films are collected in J. Tulard (1990) *Guide des films* (2 volumes), Collection 'Bouquins', Robert Laffont.

Drama activities

▷ One-minute scenarios
Students write a one-minute scenario based on a picture or a photograph. Allow 30 minutes. Retrieve the photographs, display them where the whole class can see them. Each group then acts out their scenario. The audience has to identify the picture that inspired the scenario.
▷ Mystery dialogues
Invent or take from plays or novels a number of short dialogues. Students then work in groups to imagine the characters, the place, etc., and continue the dialogue until some kind of conclusion.

Further drama activities can be found in Gillian Porter Ladousse's *Role-Play* (Oxford: OUP), François Weiss's *Jeux et activités communicatives dans la classe de langue* (Paris: Hachette) and Charlene Wessels's *Drama* (Oxford: OUP).

Key to activities

7.1

B1

Humoristes et productions comiques	Description	Genre d'humour	Qui aime?	Qui n'aime pas?
Louis de Funès	acteur comique français	le mimique, les grimaces		Jocelyne
Mr Bean	série TV britannique	l'humour visuel	Hubert, Didier	Jocelyne
... Sacré Graal	film britannique	l'absurde	Édith, Marie	Didier
Dumb et Dumber	film américain	l'absurde		Édith
Raymond Devos	comique francophone	les jeux de mots	Didier	
Have I Got News for You	émission TV britannique	la satire	Édith	
Claire Brétecher	dessinatrice française de bandes dessinées	la satire sociale		
La petite vie	émission TV québecoise	la satire sociale	les Belges, les Québecois	les Français

2 On rit parce qu'il nous arrive tous des aventures pareilles. 3 L'humour britannique est pince-sans-rire, cynique, pinçant, acide. L'humour français: de la farce, burlesque, forcé, indulgent. 4 À cause des jeux de mots et des références culturelles. 5 *La petite vie*, émission TV québecoise, a connu beaucoup de succès en Belgique, mais pas en France.
C 1 visuel, comportemental, méchant, cocasse, absurde, fou, hilarant, idiot, drôle, pince-sans-rire, cynique, pinçant, acide, burlesque, indulgent 2a. J'ai le *rire facile* b. le genre de truc qui me *laisse* complètement *impassible* . . . pas du tout *fan de ce genre d'humour*

c. un film qui ne m'*a pas fait rire* du tout . . . **d.** qui est basé sur des *jeux de mots* **e.** *saisir*
f. une *tournure d'esprit* **g.** je me *tords de rire*, je me *roule* par *terre* des fois, tellement
c'est *drôle*. **h.** des gens qui peuvent *se moquer* d'*eux*-mêmes, *satire*.

D **Ex 1** **1** L'humour britannique, c'est difficile à comprendre. **2** Il est difficile de
comprendre les émissions satiriques à la télévision. **3** Les jeux de mots sont
impossibles à comprendre dans une langue étrangère. **4** Il est intéressant de
discuter des différents styles d'humour. **5** Les blagues sont faciles à expliquer.
6 Dans une langue étrangère, il est souvent impossible de comprendre les
références culturelles.

7.3A

B **1** Un journal belge: la défense de l'humour belge, références à 'nos chers voisins', 'Nous
les Belges' **2** L'humour français: ridiculiser, critiquer, choquer; de l'esprit plutôt que de
l'humour; les blagues méchantes. L'humour belge: plus tendre, bon enfant, gentil,
candide; de l'humour plutôt que de l'esprit. Surréaliste – opposition de deux logiques,
confusion réalité–rêve. L'humour anglais: rire de soi-même, le 'non-sens', l'absurde.
3 Traditionnellement, les Français se moquent des Belges qu'ils présentent comme des
gens simples, voire débiles. **4** La classe politique est moins folklorique, moins présente
en Belgique. **5** L'esprit: se moquer des autres d'une façon habile et méchante. L'humour:
prendre plaisir à dégager les aspects amusants et insolites de la réalité. **6** Coluche =
français, Devos = né en Belgique.
C Coluche est mort en 1986, donc on emploie le passé simple pour parler d'une période
sans lien avec le présent. Au moment où cet article a paru, Christophe Déchavanne
venait de faire son émission sur la Belgique: on emploie le passé composé pour évoquer
un jugement toujours valable.
Ex 1 **1** je suis arrivé, je me suis trouvé **2** opposèrent, se multiplièrent **3** Vous avez vu,
Elle a oublié **4** La concierge toussota, serra, bougea **5** a subi, a fait, a provoqué
6 souleva, amena, éclata, fut, fut

7.3B

B **1** le fumeur de cigarettes, les espaces vides, une porte, un papillon **2** le mime, la force
de l'imagination **3a.** Mettez le paquet = ne pas se retenir, jeu de mot sur 'paquet'
(de cigarettes) **b.** miner la santé = détruire la santé, jeu de mots sur miner/mimer
c. emporter – jeu de mot sur 'porte' **4** la confusion rêve–réalité

7.4

B **1** La jeune femme: professionnelle, efficace, avenante, maternelle: son langage est
d'abord celui de l'agent immobilier efficace, puis celui d'une grande sœur.
Fred: inconscient, paresseux, langage familier (bourré de cafards), se fiche des
conventions.
Antoine: nerveux, s'excuse, gêné, poli.
B **2** **Antoine**: 'Il est obsédé par la normalité': Antoine est très gêné par l'arrivée des
visiteurs et le fait qu'ils pourraient croire que lui et Fred forment un couple
homosexuel. **Fred**: 'volonté d'insouciance': À l'arrivée des visiteurs, Fred,
contrairement à Antoine, ne se dérange pas.

C **Ex 1 1** J'ai fermé les yeux. **2** Elle avait une valise à la main. **3** Ma jambe me fait mal. **4** Elle s'est approchée du président et lui a serré la main. **5** Je me suis cassé le bras.

Ex 2 *Réponses possibles* **1** Votre linge, si vous le mettiez directement dans la machine à laver, il ne traînerait pas par terre. **2** Les placards, si vous les nettoyiez, il n'y aurait pas de cafards. **3** Les fenêtres, si vous les ouvriez de temps en temps, on sentirait moins les odeurs de la cuisine. **4** La poubelle, si vous la descendiez plus souvent, ça éviterait les odeurs désagréables. **5** Le plancher, si vous l'entreteniez, on ne verrait plus toutes ces traces de chaussures.

Ex 3 1 Au moins si tu m'avais envoyé une carte postale . . .
2 Au moins si tu avais traduit la première page . . .
3 Au moins si tu avais fait la vaisselle . . .
4 Au moins si tu m'avais téléphoné pour décommander . . .
5 Au moins si tu m'avais prévenu plus tôt . . .

7.5

A **1** Arrêter = to stop (souvent transitif). On n'arrête pas le progrès. S'arrêter = to stop (intransitif). La voiture s'est arrêtée devant la mairie.

2 Attendre = to wait (for). Janine a attendu trois heures à l'aéroport. S'attendre = to expect. Je ne m'attendais pas à cette surprise.

3 Décider = to decide (souvent transitif). Christophe a décidé d'aller à Paris. Exception: C'est moi qui décide ici. Se décider = to make one's mind up. Alain ne savait pas quoi faire, mais il s'est finalement décidé. Il va poursuivre ses études.

4 Demander = to ask (transitif). J'ai demandé aux étudiants de venir une heure plus tôt. Se demander = to wonder. L'avion étant trop cher, Hélène se demandait si elle devrait prendre le train.

5 Douter de = to doubt somebody or something (transitif). Est-ce que Jean-Paul va venir? Franchement, j'en doute . . . il n'avait pas l'air très enthousiaste. (Frankly, I doubt it . . .) Se douter de = to suspect something. Jean-Paul ne vient pas – il ne veut plus participer au projet. Ah, je m'en doutais . . . (I thought that would happen).

6 Entendre (plusieurs sens, mais toujours transitif). J'ai entendu les oiseaux chanter ce matin. S'entendre = to get on with somebody. Je m'entends très bien avec André. On travaille bien ensemble.

7 Occuper = plusieurs sens, mais toujours transitif. Elle a occupé le poste de PDG pendant cinq ans. S'occuper de = to take care of, look after, deal with. C'est Madame Gérard qui s'occupe de la comptabilité.

8 Promener = to walk (something) (transitif). Tu as promené le chien ce matin? Se promener = to go for a walk. Je vais me promener au bord de la mer.

9 Servir à = to be used for (transitif). Ce couteau sert à couper les tomates. Se servir de = to use. Je ne me sers jamais de mes connaissances de l'allemand.

10 Terminer = to finish (transitif). Christine va terminer ses études l'année prochaine. Se terminer = to end (intransitif). Le match s'est mal terminé: les supporters ont envahi le terrain.

B **Ex 1 1** M. Chirac et M. Blair se sont rencontrés aujourd'hui. **2** Ils s'étaient parlé hier au téléphone. **3** Elle s'est versé un scotch. **4** Les enfants se sont endormis à l'arrière de la voiture. **5** Elle s'est demandé si elle devrait partir immédiatement.

C **Ex 2 1** J'ai promené le chien. Je me suis promené.

2 J'ai allumé la télévision. L'écran s'est allumé.

3 Je vous ennuie? Je m'ennuie.

4 Les scientifiques ont développé une nouvelle stratégie. La ville s'est beaucoup développée.

5 J'ai perdu le plan. Je vais me perdre.

6 J'ai rencontré Hélène au supermarché. La dernière fois que nous nous sommes recontré(e)s était au mois de janvier.

7 Le petit garçon a cassé la fenêtre. Le verre s'est cassé en deux.

8 La secrétaire les a inscrits sur la liste. Ils se sont inscrits au cours de français.

9 Il a négocié le contrat. Ça se négocie!

10 Il a étendu les bras. La forêt s'étend du village jusqu'à la rivière.

D Ex 3 1b. That deserves a celebration! **c.** That's not how you say it **d.** You don't do that! That's/It's not done! **e.** That's/It's possible **f.** So I see, You can see that. That's/It's quite plain to see. **2a.** Ça se fête! Ça s'arrose! **b.** Ça se peut **c.** Ça se voit **d.** Ça ne se fait pas **3a.** se parle **b.** se boit, se sert **c.** se vendent **d.** se mange

Ex 4 est assis – il se lève – s'appuie – est ouverte – se penche – est endormie – s'affale.

E 1 What makes you laugh? 2 We have to win back public opinion, make (people) understand/get (people) to understand that there is no alternative. 3 The mayor had all the fronts of the buildings renovated. 4 The journalist has his article agreed by the editor. 5 It's a good idea to get other people to read over your transparencies. 6 I'm showing (people) around the flat.

F Ex 5 1 Ces romans m'ont fait beaucoup réfléchir. 2 Cette chanson me fait pleurer. 3 Cette musique me fait rêver. 4 Ces films m'ont fait penser à mon voyage en Australie. 5 Cette émission m'a fait hurler de rage.

Ex 6 1 Non, je l'ai fait taper par une amie. 2 Non, nous l'avons fait construire. 3 Non, on l'a fait installer. 4 Non, je l'ai fait réparer. 5 Non, je l'ai fait faire.

G **a.** In England, people have their newspapers delivered to their homes. **b.** Antoine was thrown out of his girlfriend's flat. **c.** Laurent Monier is being transferred (to a job) in the Paris area. **d.** The noise of a glass is heard.

Ex 7 1 Elle s'est fait raccompagner par son ami. 2 Nous nous sommes fait photographier. 3 J'aimerais me faire couper les cheveux. 4 Une sirène d'alarme s'est fait entendre. 5 Elle s'est fait embaucher comme chercheuse. 6 Il s'est fait comprendre à la réunion. 7 Je me suis fait gronder par la concierge.

H Ex 8 1 Je l'ai vu partir. 2 Je l'ai entendu parler au directeur. 3 Je les ai regardés danser. 4 J'ai laissé partir les étudiants à l'avance.

7.6

A1

Position	participes passés:	appuyé, suspendu, assis, appuyé, attablé
Attitude	adjectifs:	agacé, perplexe, nerveux, silencieux, vacillant
Apparence physique	locutions: verbes:	l'air d'enfants endimanchés, vêtue de . . . , sous le bras . . . , à la main . . . , sur l'épaule . . . , le visage ravagé, les yeux rouges, le teint pâle paraître, porter
Actions	verbes:	s'ouvrir, entrer, considérer, regarder, se lever, prendre quelqu'un dans ses bras, écrire, découvrir, se disputer, tourner le dos à quelqu'un, se plonger dans le journal, s'approcher de, préparer à manger, traverser
Manière d'accomplir l'action	adverbes: locutions:	gentiment, violemment avec étonnement . . . , d'un pas décidé . . .

C Je suis *rudement* content → *très* content; Le pauvre *bougre* → *individu*; Il a *ramassé un couteau* dans le ventre → *il a reçu un coup de couteau* dans le ventre; Ce qui m'*emmerde* → ce qui m'*inquiète, m'ennuie*; Des crimes et des assassins, je *m'en farcis* toute la journée → *je dois m'occuper de* crimes et d'assassins toute la journée; Vous *m'emmerdez* → vous *m'ennuyez*.

Verbes qui s'emploient avec des sens différents selon le registre:

Balancer → balancer les jambes. Fam. balancer → jeter: il l'a balancée par la fenêtre

barrer → barrer une route. Fam. se barrer → partir: je me barre

casser → casser un verre. Fam. casser les pieds → ennuyer: Il me casse les pieds avec son histoire de photos.

Filer → filer la laine. Fam. filer de l'argent → donner: file-moi cent balles. Se filer → partir.

Planter → planter un arbre. Fam. se planter → se tromper. Il s'est planté en faisant le calcul.

Taper → taper le sol avec ses pieds, taper à la machine. Fam. → demander à quelqu'un de prêter de l'argent: je vais taper mon frangin de 500 balles.

7.7

A 2 dramatique, généreux, profondément humain, brûlant, émouvant, remarquablement interprété, champêtre, drôle, charmant, palpitant, bien fait, follement drôle, tonique, joyeux.

3 *À la vie, à la mort* (comédie dramatique) 'La galère de quelques jeunes amis'. *Les Apprentis* (comédie) 'Les galères de deux potes'.

4 Le ton du résumé des *Apprentis* est plus léger, avec plus d'expressions familières, ex. *râler, démerder, le boulot, les galères, potes, du tonnerre*.

B 1 *Buffet froid*
2

	Buffet froid	*Le plus beau métier du monde*
Genre	humour noir	comédie
Thèmes	la vie quotidienne dans un monde déshumanisé, la solitude, la violence	les banlieues chaudes, le racisme, le foulard islamique, l'exclusion, les lycées difficiles
Décor	le RER, un immeuble de 30 étages	lycée de banlieue
Personnages principaux	Alphonse, chômeur; un inspecteur de police	Laurent Monier, prof d'histoire–géo
La situation de départ	Alphonse rencontre quelqu'un dans le RER. Il lui raconte ses cauchemars et lui montre son couteau	Laurent Monier perd sa femme et son poste en province et se fait muter dans un lycée technique de la banlieue parisienne
Critique	des acteurs étonnants, un grand film 'inconfortable'	la grâce de l'écriture, le talent des acteurs, le charme du récit, un dosage parfait d'émotion, de gags et d'humanisme sincère

C 1 **a.** l'absurde = évoque un monde déraisonnable, illogique
  b. le burlesque = d'un comique extravagant et déroutant
  c. l'angoisse = une crainte diffuse née du sentiment de l'imminence d'un danger
  d. le vaudeville = comédie légère, divertissante, fertile en intrigues et rebondissements
  e. l'humanisme = valeurs qui soulignent l'épanouissement de la personne
2 **a.** d'échouer **b.** qui fait face aux problèmes **c.** qui va venir au secours . . . au bourgeois arrivé à l'improviste

Chapter 8

Introduction

This chapter and Chapter 10 focus on argumentation in both oral and written production. The focus here is on debating.

The theme is the position of women in society. We focus on a number of controversial issues: measures such as *la parité*, aimed at encouraging greater representation of women in politics, and *le salaire parental*; also the position of women in Islamic cultures and, in particular, the controversy caused within the French educational system by pupils wearing *le foulard islamique*.

> *Savoir-Faire: Organise and take part in a debate*
>   *Write a letter to the press*

Aims

This chapter helps students to:

▷ find out more about issues concerning women in France
▷ understand and express opinions in French
▷ develop coherent arguments in both written and spoken form
▷ understand the use of the conditional and future tenses, and the subjunctive in *propositions complétives*
▷ develop strategies for taking an active part in debates

Preparation	2 hrs	8.1 *Le téléphone sonne:* 'droits des femmes'	listen and note analyse
Class 1	30 m.	À VOUS 1	oral summary, discussion
	1 hr 30 m.	8.2 Découvrir: l'argumentation	read and analyse
Preparation	30 m. 2 hrs 30 m.	À VOUS 2 8.3 'Femmes et politique' À VOUS 3	write a short text read and analyse write summary
Class 2	30 m. 45 m. 45 m.	Review 8.3 8.4 Débat: la parité en politique À VOUS 4	discussion listen and analyse opinions brainstorm topic
Preparation	2 hrs	8.5 Le subjonctif 1	structure practice
Class 3	30 m. 1 hr 30 m.	Review 8.5 8.6 Stratégies À VOUS 5	structure practice read and analyse debating
Preparation	2 hrs	8.7 'Taslima face aux filles voilées'	read and note discussion
Class 4	30 m. 30 m. 1 hr	Review 8.7 À VOUS 6 8.8 Savoir-Faire: préparation	discussion debating debating (rehearsal)
Preparation	2–3 hrs	8.8 Savoir-Faire	debating express opinions in writing

8.1 Écoute

This extract from the *France inter* phone-in programme, *Le téléphone sonne*, reviews the changes in women's roles in French society and politics. The issues and language are fairly complex, so preparation is provided by the short text summarising the current position of women in French society.

8.1D Here students focus on the typical structures and expressions speakers use in discussion. Developing the content of an argument is addressed in 8.2B and 10.6 provides further work on *actes de paroles*. For more on argumentation, see Lang and Perez, 1996: Section VI 'Argumentation'.

8.1E Like the expressions for signalling various *actes de parole*, *les adverbes d'énonciation* highlight a speaker's feelings and opinions. Thus, they offer a useful resource for discussion work and are taken up in À VOUS 1.

À VOUS 1	

This is best done in class. The first part allows students to review the ideas and vocabulary from the listening activity. They then discuss the issues raised in the extract from *Le téléphone sonne* while practising keywords, expressions and *adverbes d'énonciation* from 8.1.

8.2 Découvrir

This section links with 8.1 as it explores women's under-representation in French politics. Section 8.2A asks students to brainstorm possible solutions to the problem and then to comment on the proposals put forward by the 'Manifeste pour la Parité'. They then study six letters, taken from various French news magazines, expressing different points of view and in 8.2B, explore the type of arguments used. This in turn should help students themselves generate arguments to defend their points of view.

The ideas and the language used in the letters are fairly complex. Section 8.2B1 should be seen as a skim-reading exercise. Section 8.2B2 requires more careful, detailed reading. With a less confident class, divide your students into six groups and invite each group to study one or two of the letters in depth in class and report on the arguments it uses. Once the type of argumentation used in all six letters has been identified, students could be asked to comment on which arguments they find the most convincing and why.

The task set in À VOUS 2 should encourage students to read the letters again in order to find structures and vocabulary to use in the writing task. Alternatively students could translate the letters for a corresponding English magazine.

À VOUS 2	

This activity can be prepared at home and requires students to develop a variety of opinions, not just their own, a vital skill in debating. It is based on the 'Voix Express' feature in the daily *Le Parisien/Aujourd'hui*. This regular feature can provide useful examples of 'opinion giving' on a variety of topics.

8.3 Lecture

This article is best prepared in self-study. It examines possible causes of the under-representation of women in politics and picks up on ideas presented by Janine Mossuz-Lavau in 6.3 and in the *téléphone sonne* discussion (8.1).

À VOUS 3

The information in this article is clearly structured and students should have no difficulty in summarising it, having completed 8.3A. Remind students of the two key strategies for summary writing, and the revision checklist in 2.6.

8.4 Écoute

Marie, Didier and Édith debate some of the measures from 'Le Manifeste pour la Parité'. As the topic is fairly complex, refer students back to the introductory text on 'Le Manifeste pour la Parité' in 8.2. They should also read through Hubert's four questions before listening. The grid in section B should then help learners identify the main opinions and arguments presented.

À VOUS 4

À VOUS 4 is the starting point of the debate detailed in 8.8. Students select a theme and brainstorm ideas for their debate, drawing on some of the techniques from 3.2 or the kind of non-linear schema illustrated here.

These frameworks should help students who find it difficult to generate ideas quickly. They can be used as activities in themselves, e.g. set the task of generating as many questions as possible on a particular topic within a set time limit, or of thinking of as many aspects as possible of a given theme.

Ask students to report back on their research objectives (part 3). This should encourage them to research their debate seriously.

8.5 Grammaire

Sections 8.5 and 9.5 cover the use of the subjunctive. Section 8.5 concentrates on *propositions complétives* while section 9.5 looks at the subjunctive after *conjonctions de subordination* and in *propositions relatives*. Section 8.5 also introduces the use of conditional (further developed in

10.5). The past subjunctive is briefly presented in section 9.5. The imperfect subjunctive was noted in 5.5 and 7.3, but is not discussed or practised further.

We try to dispel here students' belief that the subjunctive is difficult and unnatural, and we aim to help students understand *why* the subjunctive exists and explore *how* it is used. Encourage students to collect examples of subjunctive usage from their reading in order to clarify their understanding. For useful discussion on the subjunctive, see Le Goffic, 1993: 122–6; 252–7 and Judge and Healey, 1983: Chapter 5 and L'Huillier, 1999: section 12.

8.5C The table of *verbes introducteurs* requiring the use of subjunctive is not exhaustive. Students should be encouraged to add further examples to the list.

8.5F For further practice in the use of the conditional, ask students to write a few sentences suggesting solutions to a problem – e.g. male domination of politics! – and the consequences these solutions would have.

8.6 Stratégies

This section prepares learners for debating through analysing the language and techniques used in the debate in 8.4 and in a specially written discussion.

8.6A First of all, get students to follow the transcription while listening to the extract from the debate in 8.4. The concession–opposition move ('oui … mais …'), characteristic of so much debate, was already introduced in 8.1D. Once the different moves have been exemplified, move on to the more active analytic exercise (Exercice 1).

À VOUS 5	

À VOUS 5 provides immediate practice of points from 8.6. Time limits are important here, as in many spontaneous communicative activities, in order to encourage maximum concentration and minimise communication 'blocks'.

8.7 Lecture

The article 'Taslima face aux filles voilées', published in *Le Nouvel Observateur*, is a written transcription of a discussion between the Bangladeshi intellectual, Taslima Nasreen, author of a critique of Islam's treatment of women, and three young Muslim women living in France, all of whom choose to wear *le foulard islamique*. The version presented here is abridged.

Before reading the discussion, get students to read the short text, 'L'affaire du voile islamique' (SB p.254), which presents some of the necessary background. Ensure that students understand the principle of *la laïcité*, before reading the article.

Discussion of this article requires sensitive handling, since it deals with practices valued by one cultural group, but rejected as discriminatory by another. A chance is given to air these issues in À VOUS 6.

À VOUS 6

Another opportunity to practise discussion, using the expressions identified earlier in the chapter, but recycling the ideas from 8.7. As a trigger, ask students to reflect on the extent to which the dress codes of other religions and cultures have caused problems in British society.

8.8 Savoir-Faire

This project was launched in À VOUS 4. Encourage students to rehearse their debate before doing it 'for real'. If the facilities allow, debates could be video recorded, then evaluated by peers and tutor.

Extension activities

La condition féminine

Most French news magazines regularly publish features on, for example, women in the workplace, women in politics, etc. These could inform student presentations. Gérard Mermet's *Francoscopie* is, as usual, a rich source of information about changing attitudes, as is Christiane Cordero's *Le Travail des femmes*, Le Monde éditions, 1994. A further source of information is the Centre National d'Information et de Diffusion sur les Femmes en France (CNIDFF), 7 rue du Jura, 75013 Paris, France. Fax: 00 33 1 47 07 75 28. They publish a *Dossier documentaire*, which brings together a wide range of articles and reports.

Immigration and racism in France

Set students a research project on *l'affaire du foulard*. Ask them to review articles covering the various *affaires* and present their findings to the class. Students could also prepare exposés on various aspects of immigration and racism, e.g. France's colonial past, immigration policy, *la génération 'beur'*. Information packs can be obtained from organisations such as the Licra – Ligue internationale contre le racisme, 40 rue de Paradis, 75010 Paris; Fax: 00 33 1 4800 03 99. A number of these organisations have web sites, some of which can be accessed via http://www.hull.ac.uk/cti/langsite/french.htm. A useful information dossier in French containing statistics, worksheets, personal testimonies and literary texts entitled *Immigration, tolérance, racisme* can be obtained from ASTI asbl, 10 rue Laval, L–1922, Luxembourg.

Several accessible novels focus on the problems faced by immigrant communities in France: e.g. C. Etcherelli (1966) *Élise ou la vraie vie*, Collection Folio, Gallimard; A. Begag (1986) *Le Gone du Chaâba* and (1989) *Béni ou le Paradis Privé* both published by Collection Point Virgule, Seuil.

Intercultural education

The Council of Europe European Youth Centre publishes an excellent *kit pédagogique* in French and English which presents activities for promoting intercultural education. It is available from Youth Directorate, 30 rue Pierre de Coubertin, F–67000 Strasbourg, France. Fax: 00 33 88 41 27 77.

Discussions and debates

For further practice on discussions and debates, students could watch and analyse TV discussions such as *La Marche du siècle*, or examine the letters pages of the news magazines to monitor the reactions provoked by current issues.

Key to activities

8.1

B　1　**Christelle Tarot – Positif**: oui, il y a eu une évolution dans les pratiques
　　　masculines, mais . . .
　　　Négatif: La vie de tous les jours: les femmes sont soumises à deux fois plus de
　　　travaux ménagers, la manière dont on traite les femmes dans la rue, les questions
　　　sur la vie privée posées par les journalistes. **La scolarité**: les femmes, considérées
　　　'nulles' en maths, sont dirigées plutôt vers les filières littéraires. **L'emploi**: 26% de
　　　femmes de moins de 25 ans sont au chômage contre 15% de jeunes hommes.
　　　Michèle Barzach – Positif: les mentalités ont changé pour la jeune génération (la
　　　vie quotidienne, la responsabilité des enfants). **Négatif**: elles n'ont pas changé
　　　dans la sphère politique.
　　　Gisèle Halimi – Positif: les mentalités ont changé pour la jeune génération (la
　　　vie de tous les jours, la responsabilité des enfants). **Négatif**: quant aux personnes
　　　plus âgées, il y a un véritable 'blocage'; ex. les commentaires des journaux
　　　féminins prétendant que le féminisme 'fait fuir les hommes'. Les mentalités ont
　　　même régressé en politique.
　　2　Pour montrer que les mentalités n'ont pas changé puisque les journalistes
　　　questionnent publiquement les femmes politiques sur leur vie familiale.
　　3　Parce qu'elle se préoccupe de l'égalité des sexes.
　　4　Pour donner un exemple concret du changement des mentalités dans la jeune
　　　génération.
　　5　Il s'agit d'une inversion des rôles traditionnels: une jeune femme invite à dîner
　　　un ami, puis règle, elle, la note, mais passe la nuit seule après que l'homme a dit
　　　'non'. La conclusion tirée par le magazine est que le féminisme conduit au rejet.
　　　Pour Gisèle Halimi, par contre, cette anecdote démontre le progrès dans les
　　　mentalités puisque c'est la femme qui prend des initiatives permettant ainsi à
　　　l'homme de perdre 'son masque de virilité, de domination'.
C　1　est-ce que les machos purs et durs ont mis un petit peu d'eau dans leur vin?
　　2　les femmes sont soumises à deux fois plus de travaux ménagers
　　3　elles sont dirigées vers certaines filières littéraires
　　4　les filles sont nulles en maths
　　5　ça me paraît symptomatique d'un état d'esprit
　　6　les journalistes sont misogynes
　　7　dans l'autre tranche d'âge, il y a un blocage
　　8　voilà à quoi nous a amené le féminisme
　　9　c'est la chasse gardée
D　　1b. 2d. 3d. 4a. 5a. 6e. 7e. 8c.
E　Ex 1　1 serai rentré, passerai 2 viendra, voudras 3 sera, aura 4 joueront, occuperont
　　　　　5 auront cessé/cesseront, aurons gagné 6 connaîtrez, communiquerez
　　Ex 2　1 heureusement, quand même 2 quand même, paradoxalement 3 Vraiment
　　　　　4 notamment 5 forcément 6 malheureusement 7 finalement 8 effectivement
　　　　　9 évidemment

8.2

B　1　**Pour la parité: A**: les mesures prises en faveur de la parité par le PS aux élections
　　　européennes ont réussi. **D: (i)** Il est de la responsabilité de tous d'offrir les mêmes

chances aux femmes qu'aux hommes. (ii) Il faut bannir une vision rétrograde de la société. **F** (i) Il faut redonner à la devise républicaine 'Liberté, Égalité, Fraternité' sa vrai valeur. (ii) Le système des quotas fonctionne bien dans les pays nordiques.

Contre la parité: **B** (i) Les Français sont capables d'élire leurs représentants sans qu'on leur impose des quotas. (ii) le manifeste est une décadence des mœurs. **C** (i) La parité pourrait avoir un effet pervers comme l'action entreprise aux USA en faveur des minorités. **E** (i) Exiger la parité, c'est faire de la ségrégation à l'envers, ce qui est contraire à la loi française. (ii) Les femmes disposent de suffisamment de qualités pour obtenir la reconnaissance de tous.

B 2   Les conséquences: C(i) L'analogie: C(i), F(ii) L'appel aux valeurs: D(i), D(ii), F(i), B(ii) L'appel à une autorité: E(i). L'appel à témoin: B(i), D(i)

8.3

A 1a. L'influence de la religion catholique, le Code Napoléon en 1804, la règle du cumul des mandats en France, le manque d'habitude d'exercer le pouvoir, le manque de confiance en soi, la culpabilité vis-à-vis de sa famille.

   1b. Capacité de travail, grande opiniâtreté, sensibilité différente, esprit concret et pragmatique, capacité d'écoute.

   2   Informatif et argumentatif: examiner les raisons pour l'absence des femmes dans le monde politique: certaines proviennent du tempérament des femmes, d'autres de leur culture et de leur société.

   3a. La religion catholique et le Code Napoléon expliquent en partie la relation de la femme envers la politique en France.

   3b. Être militante pour une femme, c'est mener trois vies de front: la famille, le travail et l'engagement.

   3c. Pour les femmes, la politique a une finalité différente.

   3d. La société ne peut changer sans une plus grande proportion de femmes dans des fonctions de responsabilité.

B 1   1 assistons 2 compte 3 constate 4 compte 5 constate

   2   b. l'écart c. parental d. coupure e. remédier f. adhérer g. la disponibilité h. culpabiliser i. l'opiniâtreté j. étroitement

C Ex 1 **en effet** = explication/cause   **pourtant** = concession   **d'ailleurs** = addition **donc** = conséquence, conclut ce qui vient d'être dit   **ainsi** = apporte une précision

   Ex 2 1a. à, b. dans, c. de, d. de

   Ex 2 2a. à laquelle b. dans laquelle c. dont d. dont

8.4

B 1   Édith veut la parité à cinquante–cinquante. Didier est pour la parité mais contre les quotas. Marie est contre la parité; les seuls critères valables sont la compétence et la représentativité.

   2   Didier est contre le cumul des mandats. Trop de pouvoir concentré dans les mains de trop peu n'est pas sain. Marie dit que la loi limite déjà le cumul des mandats à deux. La limite du cumul ne changerait rien à la représentation des femmes en politique. Édith pense que cela pourrait libérer des emplois pour les femmes à tous les niveaux.

3   Marie pense que le poids des électeurs, seul, devrait être pris en compte pour le financement des partis. Didier préfèrerait qu'on récompense les partis qui font des efforts en faveur de la représentation des femmes. Édith est d'accord avec Didier.

4   Marie est contre. C'est un procédé démagogique et ce serait renoncer à l'égalité citoyenne. Didier a des réserves sur la possibilité de modifier la constitution. Il serait plutôt pour imposer la parité. Édith est pour. Un référendum réglerait le débat sur la parité.

C   1 égalité, quotas 2 contre, soutenir, se former 3 catégorie, critères, compétence 4 cumul, corruption, sain, pouvoir 5 appliquée, accès 6 citoyenne 7 sondages, débat

D Ex 1 1 Il 2 Il 3 Cela, C' 4 Cela 5 C' 6 Cela 7 il 8 C' 9 Elle 10 cela

8.5

A   subjonctif: a., b., c., e., h., i., j., k. indicatif: d., f., g.
a., k.: après un verbe de *souhait* b.: après un verbe de *nécessité* c., h.: après *il est important/il importe* e., j.: après un verbe d'*incertitude*, i: après *il est temps*

D Ex 1 soit, mette, soit, reçoivent, fasse, ait, soit

E Ex 3 1 était, aurait 2 verrait, occupaient 3 dépendait, feraient 4 mettait, changerait 5 avait, s'intéresseraient

8.6

A Ex 1 1 1, 4, 5, 2, 3, 6

1 2 **pour**: cela libèrerait des emplois; cela permettrait aux femmes d'avoir une meilleure qualité de vie; cela contribuerait à la croissance économique du pays. **contre**: cela coûterait trop cher à la Securité sociale; sur le plan égalité des chances, c'est une régression; cela ne serait pas juste envers les femmes célibataires ou celles qui n'ont pas d'enfants.

1 3 *Les techniques d'argumentation sont en gras et les expressions qui introduisent les actes de parole soulignées:*

---

1 Sylvie
Moi, je suis <u>tout à fait contre</u> la décision de payer un salaire   *opposer*
parental aux femmes pour qu'elles restent chez elles à élever
leurs enfants! C'est une idée absurde! Cela coûterait trop cher
et où irait-on trouver l'argent?
Imagine que chaque femme ait 5 ou 6 enfants! Ce serait la   **conséquences** faillite
pour la Sécurité sociale!

4 Mohamed
<u>Sur la question</u> financière, oui, <u>je suis d'accord</u> avec toi. Ça   *distinguer + approuver*
risque de coûter très cher à la Sécu, <u>même si</u> à long terme,   *opposer*
le pays devrait en bénéficier. <u>Mais en ce qui concerne</u> la   *distinguer*
faillite de la Sécurité sociale, alors là, <u>je n'y crois pas</u>. Les   *+ opposer*
allocations versées aux mères de famille seront rééquilibrées
par l'économie réalisée sur les crèches. <u>Par contre</u> as-tu pensé   *ajouter un point*
au nombre d'emplois que le salaire parental pourrait libérer?

5 Sylvie

Question emploi, c'est vrai qu'avec le retour des femmes au foyer, la situation sur le plan chômage pourrait s'améliorer. *distinguer + concéder*

N'empêche que sur le plan égalité des chances, c'est une régression, un retour au siècle dernier: les hommes au travail et les femmes à la maison . . . **Crois-tu que les femmes vont accepter ça?** *distinguer + opposer*

appel à témoin

2 Mohamed

Soyons bien clairs sur ce que tu appelles égalité des chances. *appel à l'attention* Aujourd'hui l'égalité des chances est synonyme de galère: les femmes doivent mener de front leur vie familiale et leur carrière avec pour conséquence une qualité de vie peu enviable. Alors oui, je suis d'accord avec toi, les relations *concéder* dans la famille changeront mais pour le meilleur puisque les *opposer* femmes seront rémunérées pour rester chez elles et s'occuper de leurs enfants.

3 Sylvie

D'accord – beaucoup de femmes se sentiraient soulagées de *approuver* pouvoir rester à la maison tout en touchant un salaire. Mais *appel à* attention! As-tu pensé aux femmes célibataires ou à celles *l'attention* qui n'ont pas d' enfants . . . **Où est la justice?** *appel aux valeurs*

6 Mohamed

Ben, celles-là, elles travailleront – tout comme les hommes. Il faut reconnaître qu'élever des enfants, c'est un travail qui demande beaucoup de compétences . . . Et puis il faut penser à l'avenir de la France . . . et aux jeunes pour prendre la *appel aux valeurs* relève. Une fois le taux de naissances en hausse, **c'est l'indice** *conséquences* **de consommation qui montera** . . . donc la croissance du pays. . . . Tu vois bien que le salaire parental est une bonne chose! *insister*

8.7

B 1 Taslima Nasreen est contre le port du voile tandis qu'Hakima, Fatima et Rahima sont pour.
2 les discriminations et les injustices à l'égard des femmes
3 de juger l'islamisme à partir de la situation au Bangladesh, de se servir des médias pour combattre l'islamisme implanté en France
4 **T. Nasreen:** Le port du foulard est le symbole d'une discrimination.
   Hakima: Porter le foulard est une obligation, une protection et une pudeur.
   Rahima: On porte le foulard pour ne pas provoquer les hommes.
   Hakima: Exclure les femmes voilées du lycée est contraire aux droits de l'homme.
   T. Nasreen: Aucune femme musulmane ne doit porter le foulard puisque c'est admettre son infériorité.
   Hakima: Porter une robe pour une femme européenne équivaut au port du voile pour une femme musulmane.
5 parce que la femme européenne 'libérée' accepte de se montrer nue pour 'vendre un yaourt' (une action humiliante)

6 L'islam = la religion, telle qu'elle est écrite dans le Coran. L'islam leur apporte une paix, des devoirs et des droits précis. La tradition = les pratiques religieuses et culturelles dans différents pays musulmans. La tradition peut porter atteinte à la liberté de la religion et surtout à celle de l'homme et de la femme.

7 Dans les sociétés chrétiennes, les discriminations et les injustices à l'égard des femmes tendent à disparaître grâce à des lois égalitaires. Dans les sociétés de loi islamique, il n'en est pas de même.

8 Si la laïcité est contre les signes religieux à l'école, les droits de l'homme sont pour l'éducation de tous les citoyens français (qu'ils portent un foulard ou non)

9 Au Bangladesh, les femmes veulent faire disparaître le système islamique pour le remplacer par le système laïc. En France, les femmes qui portent le voile veulent le contraire.

C   **a.–iv, b.–v, c.–ii, d.–vi, e.–i, f.–iii**

E   **Ex 1 1** ayez, l'ai fait **2** est née **3** faille **4** saisissez **5** vous êtes servie **6** refusent **7** vous prononciez **8** vouliez

Chapter 9

Introduction

While Chapter 8 looked at complex current issues, this chapter has a more practical theme: getting a job. If our students are to gain professional experience in a francophone country, they will need to draft an application letter, produce a CV and cope with an interview in French.

> *Savoir-Faire:* **Write an application letter and CV**
> **Take part in a job interview**

Aims

This chapter aims to help students to:

▷ talk about their own job experiences
▷ understand job adverts in French
▷ draft an appropriate CV and application letter
▷ understand the use of the subjunctive after *conjonctions de subordination* and in relative clauses
▷ develop strategies for coping with interviews in French
▷ understand what makes a good interview

Preparation	3 hrs	9.1 Micro-campus: l'expérience professionnelle	listen and note
		9.2 Découvrir: les démarches Prepare A only	read, analyse and note
Class 1	30 m.	À VOUS 1	oral summary, discussion
	30 m.	Review 9.2A, lead in to À VOUS 2	discussion
	1 hr	9.2B and C	read, analyse and discuss translation
Preparation	1 hr	À VOUS 3	write application letter
	1 hr	9.3 'Votre CV vu à la loupe'	read, analyse and note
Class 2	30 m.	Review 9.3	oral summary from notes
	45 m.	9.4 Interview avec une conseillère ...	listen and note, transcribe
	30 m.	À VOUS 4	interviewing, reformulation
Preparation	2 hrs	9.5 Le subjonctif 2	structure practice
	30 m.	À VOUS 5	written summary
Class 3	30 m.	Review 9.5	structure practice
	1 hr 30 m.	9.6 Stratégies	prepare questions and answers, revise a CV
Preparation	1 hr	À VOUS 6	write a CV
	1 hr	9.7 Entretien professionnel	listen, note and evaluate
	30 m.	Prepare 9.8 Savoir-Faire B	read and note
Class 4	30 m.	Review 9.7	discuss from notes
	1 hr 30 m.	9.8 Savoir-Faire	interviews
Preparation	1 hr 30 m.	9.8 Savoir-Faire	write an application letter

9.1 Écoute

This informal discussion about work experience should trigger students' own accounts of work experience. As usual, if this activity is completed outside class, students should make notes for oral discussion.

Given the potential future use of the work completed in this chapter, we suggest that students keep *un dossier professionnel* in which they keep relevant material, e.g. any job letters they write or receive, a CV, advertisements and information about applying for jobs in francophone countries.

À VOUS 1

À VOUS 1 is a simple oral discussion from notes prepared out of class. If students do not have any work experience, they could discuss the kinds of job they think they could get and the kinds of job they would not like to do.

9.2 Découvrir

If 9.2A is prepared outside class, then class time can be used for the À VOUS 2 discussion which leads from it. Alternatively, section 9.2C can be done out of class, while section 9.2B will probably benefit from group discussion. The 'expert' view of the CV is presented in 9.3.

À VOUS 2

This discussion should be light-hearted, but it perhaps also has a serious side, revealing just how much judgements can be based on appearance.

9.2B4 This brief translation exercise should highlight the difficulties involved in drafting an effective CV in another language. Phrases such as *sens de l'analyse et de la synthèse* are meaningless if translated directly. Encourage your students when drafting their own CV (À VOUS 6) not to attempt direct translation, but rather to examine as many French CVs as they can and draw from them the appropriate phrases.

9.2C For more practice in reading and writing formal letters and CVs, contemporary French–English dictionaries such as the *Oxford–Hachette*, 1999, and the *Collins–Robert*, 5th edn, 1998, provide useful models. There are also many books available on the French market. A CD-Rom-based letter generator is also available: *1000 Courriers types* from Micro Applications: http://www.microapp.com.

À VOUS 3

À VOUS 3 prepares students for the project detailed in 9.8. Here, students respond to an advert for the kind of job they might apply for in France. Students should pay attention to correct presentation. Encourage peer comment on letters and CVs.

9.3 Lecture

This article by a careers adviser working for the professional magazine *Rebondir* comments on the CV from 9.2. Since students have already analysed the CV, the article should be fairly straightforward. Tasks A and B focus attention on the main points and key expressions. Section 9.3C invites oral discussion and students will draw on the advice later in À VOUS 5 and À VOUS 6.

9.4 Écoute

Here, a careers adviser gives advice on interview techniques, emphasising the importance of the candidate's own objectives. She also refers to the strategy of reformulating key issues discussed at interview in order to check correct understanding and to establish agreement. Hubert, the interviewer, demonstrates this strategy by reformulating the points made by Mme Conté. Having taken notes on the interview, which will be useful in interview simulations in À VOUS 4 and 9.8B, students examine the reformulation strategy by transcribing Hubert's questions.

À VOUS 4

In À VOUS 4, students take turns role-playing a career adviser and a candidate. The role-play itself should not take more than 10 minutes, with 10 minutes' preparation. At the end of the role-plays, ask each student to report back what they thought of the advice. Particularly if there is not much time for this activity, allow students free rein for imagination and humour.

9.5 Grammaire

Work on the subjunctive is extended here. Exercice 3 and À VOUS 5 offer some open-ended exercises which lend themselves to subjunctive use. These can then be reviewed in class.

9.6 Stratégies

This section introduces two strategies for helping students make successful job applications: researching the job and the company beforehand, and anticipating the kinds of questions one might be asked at interview.

9.6C At this stage, students practise answering and formulating interview questions. This practice is then exploited in Savoir-Faire 9.8B.

À VOUS 6

The CV should obviously be word-processed. If appropriate, students could draft their CV with the job from À VOUS 3 in mind. There are plenty of books available in French on writing CVs: particularly useful for students is *CV et lettre de motivation*, published by *L'Étudiant* magazine, 27 rue du Chemin-Vert, 75543 Paris, Cédex. 11.

9.7 Écoute

This interview is between Marie Coste, whose CV has already been studied, and Mme Roussin, head of French at *Londils*, the school whose brochure appears in 9.6. Given this background, students should not find it difficult to follow the interview and can concentrate on making an assessment of Marie's performance. The evaluation sheet on SB p.288 can be used again in Savoir-Faire 9.8B.

9.8 Savoir-Faire

As part of the final project, students write an application letter to MBA *Universities* and in pairs practise a job interview both as the interviewee and the interviewer. Students may wish to base their interview around a different job advertisement.

Ask learners to concentrate not only on the content and accuracy of French but also on their body language during the interview, e.g. eye contact, handshake, posture, etc. The final interview could be recorded on audio tape or filmed on video by students. Students themselves could then evaluate their performance and draft recommendations for themselves for future interviews.

Extension activities

An analysis of job ads

Get students to collect samples of job ads in French and English newspapers and magazines in similar sectors (e.g. computing, sales or engineering) and then compare the kinds of requirements stated, the salaries and the manner of company presentation.

Key to activities

9.1

B   1   **Édith**: l'informatique, *Apple*; elle a fait une liste de toutes les sociétés qui revendaient *Apple*. Elle les a appelées les unes après les autres. Elle a répondu à une annonce dans *Le Figaro*. Son entretien s'est bien passé, c'était très décontracté. Elle a à peine parlé du travail lui-même.

          Didier: il avait envoyé une trentaine de lettres de candidature spontanée à tous les gros employeurs de la ville; la Sécurité sociale lui a téléphoné plusieurs mois après pour lui demander si cela l'intéressait toujours de travailler pour eux; il a passé un test médical et un test administratif (classer des dossiers); c'était banal et ennuyeux: il travaillait dans un bureau de quinze personnes, ouvrait le courrier, tamponnait les lettres et les dirigeait dans le service correspondant.

     2   Édith avait déjà travaillé comme assistante-commerciale et formatrice.

     3   Dans sa lettre, Édith expliquait que malgré une certaine expérience, elle se sentait '*encore très débutante*', ce qui correspondait à l'annonce.

     4   Didier ne se rappelait plus de quel emploi il s'agissait.

     5   Il pensait qu'il avait mal compris les instructions, tellement le test était simple.

C   le secteur public, fonctionnaire, le directeur, un test, classer, assurés sociaux, banal, tamponner, diriger

D   Ex 1   1 La plupart des jeunes 2 quelques réponses, 3 toutes les lettres 4 trop de lettres 5 beaucoup de temps 6 pas mal de persévérance 7 avait tout classé 8 une quinzaine de candidatures

9.2

A1

Nom de l'entreprise:	• DELL
Effectif	• 7 500 personnes
Chiffre d'affaires	• 5 milliards de dollars
Activités	• construction de micro ordinateurs
Formation et expérience souhaitable pour les candidats	• Bac + 2 à 4 • expérience de la vente en milieu 'high-tech' + maîtrise des techniques de négociation par téléphone
Postes proposés	• ingénieurs commerciaux
Lieu de travail	• site parisien
Démarches pour poser sa candidature	• envoyer CV, lettre manuscrite, photo et prétentions

2   salary required, committed, turnover, word-processing, sales and marketing executive, on the ground, office-based, care about quality of service and client satisfaction

3   50% de croissance, une bonne maîtrise, tableur, manuscrite, en binôme avec, base de données

4   **a.** 1, 3: offres d'emploi 2: demande d'emploi

        b. 1 Rech./recherche = is looking for; mi-tps/mi-temps = part-time; pers./personnes = people; handic./handicapé = handicapped; travx/travaux ménagers = housework

        2 H sér/homme sérieux = serious applicant; réf/références = with references; ch /cherche = is looking for; 3 Agce de Pub/Agence de publicité = advertising agency; CIAUX/commerciaux = sales and marketing staff; min./minimum; débuts./débutants = beginners; format./formation = training

B 2   **a.** attirer l'attention de l'employeur. **b.** parce que l'employeur s'intéresse aux activités les plus récentes. **c.** pour éviter les répétitions. **d.** parce que l'employeur est plus intéressé(e) par l'expérience de la candidate que par sa formation.

    3   a.–iii b.–i c.–v d.–vii e.–vi f.–iv g.–ii

    4   *possible translation*

        Professional skills:

        managing client accounts and follow-up, managing client portfolios, dealing with outstanding debts including legal follow-up (factoring), setting up performance indicators, planning deliveries, litigation analysis, management of ordering systems, ability to analyse and synthesise information effectively

        Management/communication skills:

        good working relationships, experience of managing staff, effective in team work, good listener, negotiating and facilitating skills

C 1   **a.** = lettre A. **b.** = lettre B

    2   **a.** = A: para 1. **b.** = B: para 1. **c.** = B: para 2. **d.** = A: para 2. B: para. 2. **e.** = A: para 2.

    3   a. **lettre A**: l'annonce parue ce jour, dans *Sud-Ouest*

        b. **lettre A**: Je me permets de vous adresser mon curriculum vitae. **lettre B**: comme vous le constaterez à la lecture de mon curriculum vitae

        c. **lettre A**: mon contrat à durée déterminée . . . touche à sa fin

        d. **lettre B**: Je souhaiterais mettre au service de ce développement ma disponibilité et mon dynamisme.

        e. **lettre A**: Je suis à même d'assumer avec efficacité les responsabilités rattachées au poste envisagé. **lettre B**: j'ai assumé des fonctions de . . . me spécialisant dans la . . .

        f. **lettre A**: Je me tiens à votre disposition pour un entretien. **lettre B**: Je me tiens à votre disposition pour convenir d'un entretien.

9.3

A 1 Présentez toujours votre dernière expérience en premier. 2 Évitez les répétitions. 3 Séparez la rubrique 'Expérience professionnelle' en deux parties. Dans un premier paragraphe, intitulé 'Chronologie professionnelle', vous vous contenterez d'indiquer les dates d'emploi, le nom de l'entreprise, le secteur auquel elle appartient et l'intitulé du poste. 4 Ajoutez une information concernant votre niveau d'anglais. 5 Restez sobre et faites une sélection des qualités qui correspondent à l'emploi que vous recherchez. 6 Une fois rédigé, faites impérativement relire votre CV par une personne férue d'orthographe ou par un conseiller de l'ANPE.

B 1 a.–ix b.–vi c.–x d.–v e.–viii f.–iv g.–ii h.–iii i.–i j.–vii

9.4

B **Le stagiaire**: **a.** exprimer très clairement que l'on est intéressé par l'emploi; **b.** dire quel est son objectif personnel; **c.** reformuler tout ce qui est dit pour que tout soit clair. **L'employeur**: **d.** motivation, enthousiasme, capacité de communiquer et de s'exprimer clairement sur ce qu'on veut faire; **e.** il/elle veut savoir ce qui motive les candidats, la façon dont ils envisagent leur avenir; **f.** ses objectifs et le niveau de responsabilité ou le poste auquel il envisage de placer le stagiaire.

C 1 Donc il faut dire pourquoi on est là, le genre d'emploi que l'on recherche exactement. C'est ça? 2 Donc si je comprends bien, vous voulez dire que le candidat ou le stagiaire doit avoir une idée bien précise sur la façon dont cet emploi va le faire progresser professionnellement. C'est ça? 3 Donc il faut savoir s'adapter un peu à son interlocuteur?

D 1 lequel 2 qu' 3 que 4 qu' 5 qui, dont 6 que

9.5

A **a.** le mouton n'existe pas, c'est un mouton envisagé **b.** la personne n'existe pas **c.** après 'que' pour signaler une alternative **d.** après 'quel que' **e.** après 'pour que' **f.** après 'bien que' **g.** après 'pour que' **h.** après 'de façon que'

B Ex 1 1 avant que ce (ne) soit trop tard. 2 à condition que tu me le rendes demain matin. 3 pour que vous puissiez les lire. 4 pourvu que je puisse partir. 5 en attendant que vous terminiez votre travail 6 quoiqu'il pleuve, je vais me baigner. 7 sans qu'ils s'en soient aperçus.

D Ex 2 1 Je doute que vos parents soient déjà rentrés. 2 Ça m'étonne que Marianne soit déjà partie. 3 Je suis ravie que vous ayez gagné le premier prix. 4 Ce n'est pas possible qu'il ait oublié la réunion. 5 C'est regrettable qu'on ne vous ait pas invité à la soirée.

F Ex 4 1 Quoi qu'il fasse, nous ne l'embaucherons pas. 2 Quel que soit le prix de ce dictionnaire, je vais l'acheter. 3 Quoi qu'on en dise, IBM est une compagnie très performante. 4 Où que vous travailliez, les tâches sont les mêmes. 5 Quelles que soient vos aptitudes, nous vous aiderons à postuler pour un emploi. 6 Qui que vous soyez, vous aurez besoin de connaissances en informatique.

G Ex 5 1 pour qu'elle vienne te chercher 2 nous nous reverrons 3 qu'il vienne 4 qu'elle sache 5 qu'on puisse 6 qu'il va venir, mais je doute qu'il ait terminé 7 bien que notre fils conduise . . . nous préférons qu'il ne prenne pas . . . 8 qui remplisse

9.6

A Ex 1 1 Il y a combien d'étudiants dans l'école? 2 Quel est le nombre d'étudiants dans la section française? 3 Est-ce que les professeurs du département de français sont francophones ou britanniques? 4 Quelles méthodes préconisez-vous dans cette école? 5 En quoi consiste la formation de formateurs en didactique du français langue étrangère?

B **Ex 2** 1 DEA 2 le lycée 3 licence 4 rayon 5 DEUG 6 mentions 7 mémoire

   Ex 3 Elle devrait ajouter une accroche à son CV et présenter, dans la section *Diplômes obtenus*, les derniers acquis en premier. Elle a oublié de mettre l'année à laquelle elle avait arrêté son emploi d'assistante à Loughborough. Elle pourrait apporter davantage de précisions dans la section *Expérience professionnelle*, par exemple inclure certaines des compétences acquises durant son expérience professionnelle.

C **Ex 5** *à titre indicatif*: 1 Est-ce que ce poste vient d'être créé? 2 S'agit-il d'un contrat à durée déterminée ou indéterminée? 3 Y a-t-il une possibilité de promotion après la première année? 4 Qui sera mon responsable? 5 Y a-t-il un restaurant pour les professeurs? 6 Qui est-ce que je vais enseigner et selon quelle méthode? 7 Aurai-je droit à des vacances? 8 Quel sera mon salaire?

9.7

B 1 **Mme Roussin: a.** professeur de français langue étrangère; **b.** des adultes, des jeunes et des moins jeunes: surtout des hommes d'affaires et des personnes à la retraite; **c.** il y a plusieurs professeurs qui se partagent les cours intensifs mais un professeur reste responsable de l'étudiant; on prépare les examens de la Chambre de Commerce et ceux de l'Institut des Linguistes; **d.** documents authentiques, enregistrements audiovisuels d'actualité.

   Marie: a. le centre de formation pédagogique l'intéresserait, car elle prépare un doctorat sur la pédagogie des langues; l'école a beaucoup de ressources; **b.** elle a passé dans sa licence d'anglais une option de l'enseignement du français langue étrangère; **c.** elle a enseigné la pratique orale à des étudiants de licence en 2ème et en 3ème années à l'Université de Brighton; **d.** intégrer ses idées sur l'utilisation du matériel authentique avec celles de l'école, contribuer au développement de la méthodologie et de la didactique dans le cadre du centre de formation pédagogique.

C 1–f., 2–e., 3–a., 4–d., 5–b., 6–c.

Chapter 10

Introduction

This chapter builds on Chapter 8, focusing on round-table discussion and writing reports. The theme is that of *l'exclusion* and the chapter examines solutions which have been put forward for combating homelessness, unemployment and associated social problems.

> *Savoir-Faire:*   *Organise and take part in a round-table discussion*
> *Write up a report based on the discussion*

Aims

This chapter helps students to:

▷ find out more about social issues in France
▷ prepare for a round-table discussion by researching problems and solutions
▷ develop strategies for intervening during a discussion
▷ read and write a report

Preparation	1 hr 30 m.	10.1 *Le téléphone sonne:* 'l'exclusion'	listen and note
	1 hr	10.2 Découvrir: la table ronde **Prepare A**	read and notes
Class 1	30 m.	Review: 10.1	discuss from notes
	1 hr	10.2 Découvrir: la table ronde	read, organise and summarise
	30 m.	À VOUS 1	group discussion
Preparation	1 hr	À VOUS 1	research a topic
	2 hrs	10.3 'L'insertion en campagne'	read and note
Class 2	45 m.	À VOUS 2	compare notes and summarise
	45 m.	10.4 Table ronde: vaincre l'exclusion	listen and note
	30 m.	À VOUS 3	discussion
Preparation	2 hrs	10.5 Les auxiliaires de mode La séquence des temps après 'si' Les quantificateurs	structure practice
Class 3	30 m.	Review 10.5	structure practice
	1 hr	10.6 Stratégies	analysis
	30 m.	À VOUS 4	intervene in discussion
Preparation	2 hrs	10.7 'Le rôle majeur des institutions . . .'	read and analyse
	1 hr	10.8 Savoir-Faire: final preparation for round-table discussion	research and note
Class 4	30 m.	Review of 9.7	discussion
	1 hr 30 m.	10.8A Round-table discussion	prepare and discuss
Preparation	2–3 hrs	10.8B	write a report

10.1 Écoute

This extract from *Le téléphone sonne* is fairly long so the recording is treated in two sections: 1) the personal contribution from 'Caroline', a would-be social worker and Frédéric Carbonne's report on the *Livre blanc* commissioned by *France inter*, *La Croix* and *L'Événement.*; 2) calls from two listeners and the studio discussion. For both sections, students start by reviewing key ideas and vocabulary. They then take notes of the key points for use in class discussion.

10.2 Découvrir

In this section, students prepare for a round-table discussion by finding out about the topic and synthesising the information so that it can be used effectively.

10.2B Groups of four are preferable for this activity as students are required to discuss a number of points and reach agreement with one other. The *fiche de synthèse* needs to have been completed as a basis for discussion.

À VOUS 1

À VOUS 1 is the starting point of part of the project detailed in 10.8. Here, students plan the round-table discussion, taking decisions on roles, researching the issues to be discussed and deciding how to present the information most effectively. The aide-mémoire on SB p.299 can serve as a model for note-taking.

10.3 Lecture

Continuing with the theme of rural decline, three paragraphs present the background to the problems of rural France. The two articles – *L'insertion en campagne* and *Une famille d'accueil au village* – then report on initiatives taken in rural communities. Students evaluate these proposals orally.

À VOUS 2

Students practise summarising (orally) the main points from what they have read and evaluate the proposals. Ask a *rapporteur* from each group to present the summary, with the main points on an OHP slide.

10.4 Écoute

This is another round-table discussion. Here participants explore solutions to the problem of '*inventer de nouveaux emplois et trouver des pistes contre le chômage*' – one of the five themes from the *Livre blanc*. As the vocabulary and expressions are straightforward, students should have no difficulty in noting down the participants' opinions. This activity is best done in a language lab. Students then summarise the main points in small groups.

10.4C The first part of this section can be done in class. It should allow students to review key vocabulary before proceeding to their own discussion of unemployment in À VOUS 3. However, 10.4C2 could be completed out of class.

10.4D Before students complete À VOUS 3, go through the exercises on *les adverbes d'énonciation*. If there is little time, leave Ex 1b and use this as a warm-up exercise at the beginning of the next class. If you have plenty of time, get students to practise saying these expressions with appropriate intonation. Then students can complete Ex 1b orally in groups of four.

À VOUS 3	

This discussion can be adjusted to fit the time you have available. It is an extension of listening activity 10.4. Each group should report back briefly on the proposal they found the most convincing.

10.5 Grammaire

Most students will not be familiar with the term *les auxiliaires de mode* but they may have had some practice in using the verbs *devoir*, *pouvoir* and *vouloir* in various tenses. Translation is used as a strategy here since English and French usage is fairly divergent. There are useful sections on *les auxiliaires de mode* in Hawkins and Towell, 1996: Sections 11.2 and 11.3 and L'Huillier, 1999: Sections 21 and 22, while contrastive discussion is to be found in Vinay and Darbelnet, 1964: 137–42. A wide variety of linguistic resources for expressing volition, permission, obligation, doubt and certainty are reviewed in Lang and Perez, 1996: 270–99.

10.5F The major uses of the conditional were presented in 8.5, while various constructions with *si* were highlighted in *structures* sections 4.3 and 7.4. Section F summarises the sequence of tenses after *si* and provides further practice.

10.6 Stratégies

This section builds on 8.1 and 8.6 where the expressions for realising key *actes de parole* for discussion and debate were reviewed. In 8.6, the emphasis was on how to build up arguments; 10.6 invites students to reflect on tactics for intervening in discussion. Students sometimes report that they don't take an active part in debate because they don't know what to say and even if they have an idea, it takes them too long to formulate it. Exercice 1 demonstrates the different approaches they can take.

For reasons of space, the transcription in Exercice 1 is not complete. It is designed to support work from the audio recording, not to replace it. Students should listen to this extract while following the transcription. The various interventions for consideration are given in bold and indicated by a lower-case letter to facilitate discussion.

À VOUS 4

This activity is designed to offer students practice in intervening in discussion. Each group elects an animator, whose role is to keep the discussion going and if necessary invite comments from more reserved members. The discussion should be fairly spontaneous – hence the time limit on preparation.

10.7 Lecture

This section builds on 6.6 which contrasted the style of two reports on the same survey. Here students read a report on the *Livre blanc* on *l'exclusion*. It provides a useful plan for report writing in general, and more specifically for the second part of the project in 10.8. In 10.7C3 students define their own template for a report, based on their analysis of the article.

10.8 Savoir-Faire

Students set up their round-table discussions. The final version of the discussion should be recorded on audio tape. This will provide a record which students can consult when they come to write their report. Small cassette recorders which can be placed discreetly on a table in the middle of the group are most effective for this kind of activity, but ensure that students check the batteries and make a test recording before they start.

Extension activities

Round-table discussions

Further round-table discussions can be organised either as carefully prepared meetings or as brainstorming sessions – light-hearted or otherwise – as indicated below. Organise students into small groups; provide each group with a card on which a particular problem requiring a solution is stated (some examples are given below). Give the groups a set period of time to come up with a number of solutions. They should write their solutions on the back of the card and at the end of the time set, pass on their card to the next group, who evaluate the solutions and then report back to the class.

Problèmes à résoudre . . .

▷ il y a trop de voitures dans Paris: que faire?
▷ le cours de français est à 8h30: comment faire pour que tous les étudiants assistent au cours?
▷ Fred fait beaucoup de fautes en français: il dit qu'il n'a pas suffisamment d'argent pour se payer un dictionnaire ou une grammaire: que faire?

L'exclusion

Many special reports have appeared in the press on this topic. Students might research the problems of the homeless in France, the role of magazines such as *Macadam* and *Réverbère* (French equivalents of *The Big Issue*), or organisations such as Abbé Pierre's Emmaüs, and *Les restos du cœur*.

Key to activities

10.1

B 1 Elle parle aux gens, fait des sourires et dit bonjour.
   2 parce que ce sont de petits gestes, des actions que l'on peut faire soi-même, sans l'aide des autres
   3 de ne pas se faire d'illusions et de se considérer seulement comme un maillon d'une grande chaîne
   4 une jeune femme de vingt-huit ans qui veut devenir assistante sociale
   5 la diversité des formes et des domaines d'actions et l'imagination des lecteurs
   6 des célibataires qui se regroupent pour offrir un emploi à temps plein de femme de ménage à une personne sans emploi; des étudiants qui donnent des cours particuliers gratuitement; une jeune fille de 10 ans qui a récolté de l'argent grâce à une vente de petits objets et de jouets
   7 'canaliser toutes les bonnes idées et organiser les bonnes volontés'
C 1 qui peuvent être faites par tout le monde
   2 comme faisant partie d'un ensemble plus important
   3 cela apporte beaucoup
   4 jointes les unes aux autres
   5 un mouvement auquel il faut donner une direction

6   les volontaires sont prêts à aider
7   immédiates

E 1 **a.** le travail non qualifié **b.** celles qui perdent leur emploi à plus de cinquante ans et qui n'ont pas de qualifications **c.** appuyer les contrats de retour à l'emploi et les contrats emploi-solidarité, travailler avec les entreprises, les collectivités et les associations pour trouver des solutions d'insertion professionnelle

2 **a.** (*sa réponse n'est pas explicite*) il indique que le ministre du Travail enregistre les résultats de toutes les politiques sur l'emploi et qu'on demande à la Commission européenne d'établir des politiques efficaces. **b.** La campagne va durer sur les ondes et par voie d'affiches une dizaine de jours, mais les trente associations vont continuer à travailler pour faire des propositions pour vaincre l'exclusion.

F 1   non-qualifiés, ces emplois, mathématiques, sur le trottoir, qualifications, de longue durée, réinsérer, l'accès, retour à l'emploi, aboutir, des liens, les collectivités

2 **a.** ce que l'Etat devrait faire **b.** évaluer leurs actions **c.** au niveau international ou national; au niveau régional ou local

G **Ex 1**   1 lu, envoyées 2 étonné 3 sensibilisées 4 mobilisée 5 réunis

Ex 2   1 y 2 y 3 celui 4 en 5 celles 6 on 7 leur, en, le

Ex 3   1 + 2 La conjonction de subordination de but (9.5) *pour que* est suivie du subjonctif. 3 une proposition relative (9.5) qui indique une virtualité (ce quelqu'un n'existe pas forcément) 4 après 'que' dans une proposition indépendante exprimant un vœu ou un souhait (8.5)

10.2

A 1 **a.** E, G **b.** C **c.** B, F, J **d.** I **e.** A, D, H, K, L
2 **a.** A, B, E, I, L **b.** D, F **c.** C, G, H, J, K

B 1 **a.** G = **Idée**: gagner moins mais avoir plus de temps libre.
b. C = **Idée**: utiliser les gendarmeries pour héberger les sans-abri.
c. B = **Initiative**: créer des petites 'mairies' pour chaque quartier. F = **Témoignage**: grâce aux prêts d'une association et d'un ami, ils ont acheté une maison à la campagne. J = **Idée**: faire restaurer une vieille demeure et y installer des sans-abri.
d. I = **Initiative**: apprendre le français aux étrangers, à domicile.
e. A = **Initiative**: nourrir un exclu une fois par semaine. G = **Témoignage**: passer quelques moments à discuter avec une personne seule. H = **Idée**: créer un 'café du chômeur' comme lieu de rencontre et d'entraide. K = **Idée**: parrainer des sans-abri; L = **Initiative**: faire les courses pour des personnes seules et âgées.

10.3

B   **L'insertion en campagne**
a. la régression démographique; la création d'entreprises individuelles, non agricoles; le vieillissement des campagnes: 10 000 jeunes quittent la campagne chaque année.
b. loger des personnes dans les maisons sans propriétaire, recenser les villages abandonnés et proposer à ceux qui ont du courage de s'y installer, demander aux maires d'aménager une ou plusieurs maisons vides et d'y accueillir des familles en difficulté.

Une famille d'accueil au village

c. Un couple a fondé une association 'Hespéride' dans le Jura. Ils y accueillent des exclus.

d. La vie fonctionne comme dans une famille traditionnelle: tout y est mis en commun.

e. Plusieurs façons: il y a un système de troc avec les autres agriculteurs; ils conservent leurs ressources grâce à des productions domestiques: jardin potager, basse-cour, verger, cueillette de fruits, de champignons, bois de chauffage à bas prix; grâce à la générosité des villageois.

f. Cette expérience pourrait être reprise sans que cela coûte cher à la collectivité; cela pourrait redonner vie et espoir aux villages qui se meurent; les exclus pourraient retrouver un semblant de vie de famille.

C   **1** une politique forte **2** le commerce est en baisse **3** s'installeraient définitivement **4** agréable, amicale

10.4

B   1

	1 Petits boulots	**2 Création d'emplois dans l'environnement**	**3 Réduction du temps de travail**
Didier	Il pense qu'ils ne résoudront pas le chômage.	On doit pouvoir créer des boulots dans le recyclage.	Une idée à tenter mais il craint qu'il n'y ait des employeurs qui en profitent.
Hubert		On risquerait de donner des emplois à des gens sous-qualifiés ou pas capables d'assumer leurs fonctions.	Il faudrait que les patrons reçoivent des avantages financiers.
Marie	Il y a des propositions qui sont intéressantes.	C'est un secteur en développement. Il faut en profiter pour créer des emplois.	C'est une voie à développer puisque l'opinion y est plutôt favorable.
Édith	Peut aider les gens, c'est une alternative au RMI.	C'est une bonne idée de lier l'écologie et le problème du chômage.	Peut permettre aux gens de découvrir qu'une réduction de salaire peut apporter en cont-repartie plus de temps libre.

2 le petits boulots: *avantage*: ça peut aider les gens en détresse; *inconvénient*: c'est peut-être humiliant et ça ne résout pas le chômage.

la création d'emplois dans l'environnement: *avantage*: ça pourrait lier l'écologie et régler le problème du chômâge; *inconvénient*: ne risque-t-on pas de donner des emplois à des gens qui sont sous-qualifiés?

la réduction du temps de travail: *avantage*: ça peut créer des emplois d'un côté et plus de temps libre de l'autre; *inconvénient*: si la réduction de salaire est trop importante il y aura un autre conflit.

C   combattre l'échec scolaire, venir à bout de l'illettrisme, trouver des solutions, tondre la pelouse, embaucher une femme de ménage, gagner de l'argent, régler le problème du chômage, créer des emplois, former les gens, tenter l'expérience, licencier des gens, réduire le temps de travail.

D Ex1 1a. Pas forcément b. Exactement c. Justement d. Absolument

    2 *à titre indicatif*

      a. 'Pas forcément – on pourrait créer de nouveaux emplois.' 'Absolument! C'est la seule solution.'

      b. 'Absolument pas! Ce serait un désastre, car le pouvoir d'achat diminuerait et d'autres emplois seraient sacrifiés.' 'Effectivement, je crois que c'est la seule solution.'

      c. 'Pas forcément – on pourrait augmenter les charges sociales des employeurs par exemple.' 'Justement – et c'est pour cela que cette mesure ne marcherait jamais.'

      d. 'Tout à fait – on le voit dans le nombre de jeunes qui adhèrent à des associations humanitaires.' 'Heureusement! espérons que cela se traduira par une baisse de la criminalité juvénile.'

10.5

A 1 a. More and more young people have to work before doing a degree/before continuing their studies/going to university.

      b. You must think that I've read J-J Rousseau and that I'm dreaming.

      c. I started working in an office with fifteen people . . . I had to open the letters and stamp them.

      d. A man, who must have been around fifty, was sitting on a bench.

      e. At the age of 17, Édith had to leave the 1st *arrondissement* for the northern suburbs.

      f. Didier is not here yet. He must have forgotten our appointment.

      g. In order not to lose money, *InfoMatin* would have had to have sold 130 000 copies a day.

      h. Having lived eleven years in an HLM, I was able to see the advantage of setting up a 'small administrative centre' where people could just go to sort out their documents and get information.

      i. In my opinion, centres should be set up in all areas, where people could go and discuss their problems.

      j. She asked me whether a Moroccan girl could join us.

      k. In the town, we would never have been able to set up our home. It would be too expensive.

    2 a., b. présent; c., d., h. (pouvaient); j. imparfait; e., f., h. (ai pu) passé composé; g., k. conditionnel passé; i. conditionnel présent (x2)

B   Devoir: une obligation, une nécessité: a., c., e., g., i. une probabilité, une intention: b., d., f.

    Pouvoir: une possibilité: h., i. une permission: j. une capacité: k.

D Ex 1 1 a dû 2 a fallu 3 peut 4 devait 5 devrait/doit 6 pouvais 7 auriez dû 8 a pu 9 pourra 10 devrais

Ex 2 1 Je pense que nous devrions créer un café où les gens pourraient se renseigner sur les organisations bénévoles. 2 Nous n'aurions jamais pu créer cette organisation sans l'aide d'une subvention. 3 Vous devez penser que nous sommes un peu naïfs. 4 J'ai dû aller deux fois à la bibliothèque hier, mais je n'ai pas pu trouver le livre. 5 Je sais comment réparer la crevaison, mais je ne peux pas le faire aujourd'hui. 6 Je devais assister à la réunion, mais finalement je n'ai pas pu y aller.

F **Ex 3** 1 aurait pu 2 roule 3 avait fait 4 écrirai 5 ouvririons 6 avaient lu

G   **a.** plusieurs, chacune; **b.** beaucoup d', quelque chose **c.** une trentaine d', tous **d.** chacun **e.** pas de **f.** bien des **g.** tout

I **Ex 4** 1 toutes 2 certaine 3 tout 4 certaine, chacun des 5 plusieurs 6 la plupart des 7 beaucoup de 8 Peu de 9 aucune 10 Chaque

10.6

1 **a.**1, **b.**3, **c.**2, **d.**3, **e.**4, **f.**3, **g.**3, **h.**5, **i.**6, **j.**7, **k.**8, **l.**2, **m.**4, **n.**7, **o.**4, **p.**4, **q.**1, **r.**7/3, **s.**9, **t.**6, **u.**2, **v.**2

10.7

B 1 **Para 1**: *on y voit d'abord* . . . **Para 2**: *cela amène à un deuxième constat, on songe par exemple* . . . **Para 3**: *on voit aussi que* . . . *et que* . . . *ceci fait aussi apparaître que* . . . **Para 4**: *on aurait pu joindre à* . . . *telle celle de* . . . *on se dit aussi que* . . . **Para 6**: *Mais* . . . **Para 7**: *Prenons un exemple* . . . **Para 8**: *il faut donc* . . .

    2 **Les sources du rapport**: *La Croix-L'Événement et France inter.* **Premier constat**: on y voit la variété de formes que prend l'exclusion. **Deuxième constat**: il y a une grande diversité d'initiatives et d'idées dont beaucoup ont comme caractéristique commune: l'engagement personnel. **Exemples**: relations entre les bénévoles et les personnes exclues ou les différentes formes de tutorat. **Troisième constat**: on voit de plus en plus de jeunes en situation d'exclusion commençante (scolaire) ou prononcée; on voit également que ceux qui participent à ces actions en retirent un enrichissement personnel. **Proposition**: parmi les centaines de milliers de chômeurs, il y a un potentiel d'expériences qui pourrait certainement mieux bénéficier à tous ces jeunes qui sont exclus.

Le rôle de l' Etat:

▷ **jusqu'à présent**: il assure la base, sans laquelle la situation serait encore plus dégradée

▷ **son rôle souhaitable à l'avenir**: il doit conserver dans ses actions suffisamment de souplesse et de capacité d'adaptation pour être capable d'accommoder toutes les démarches de solidarité

▷ **exemple**: le SAMU social

Conclusion: il faut que les institutions soient capables de 'mettre de l'huile dans les rouages' par des actions non programmées, non répertoriées à l'avance mais productives parce que bien adaptées aux besoins.

C 1 **a.**–i **b.**–i **c.**–i **d.**–iii **e.**–i **f.**–i **g.**–ii **h.**–iv **i.**–iv **j.**–iii **k.**–iv

    2 ▷ M. Lagayette écrit dans un style qui se veut objectif: il énonce surtout des faits: *On voit aussi* . . . *Ceci fait aussi apparaître que* . . . ou des recommandations: *mais il faut favoriser la mise en réseau* . . . *il faut donc que les institutions soient capables de 'mettre de l'huile dans les rouages'*; il émet une seule opinion d'une façon neutre: *On se dit qu'il y*

a un potentiel d'expériences; il pose une question rhétorique pour renforcer son opinion: *Est-ce dire ... que l'État et les institutions n'ont en fait qu'un rôle secondaire dans la lutte contre l'exclusion? Rien ne serait plus faux.* Il soutient à la fois les exclus et l'État et ses institutions, mais il recommande un certain nombre d'actions du côté de l'État pour améliorer la solidarité.

3   ▷ Source du rapport ▷ Constats qui en ressortent ▷ Jugements de la personne qui rédige le rapport, exemples à l'appui ▷ Actions proposées ▷ Conclusion

D   a. reconnaître la valeur d'une telle action **b.** un obstacle qui ne peut pas être surmonté **c.** annule le bon fonctionnement **d.** c'est un domaine très étendu. **e.** il faut faciliter la répartition **f.** assouplir, faciliter le fonctionnement

E   **Ex 1** 1 beaucoup **2** nombre **3** beaucoup **4** les centaines de, tous **5** toutes

Transcriptions of audio recordings

Cassette 1 Face A

Cassette 1 Face B

Cassette 2 Face A

Cassette 2 Face B

CHAPITRE 6 L'ENQUÊTE: INTERVIEWS ET
QUESTIONNAIRES
6.1	Micro-campus: attitudes des jeunes	(4.46 m.)
6.3	Interview avec Janine Mossuz-Lavau: les Français et la politique	(6.12 m.)
6.7	Sondage: valeurs et sports	(2.47 m.)

CHAPITRE 7 DU GAG AU SCÉNARIO
7.1	Micro-campus: l'humour	(7.03 m.)
7.3	Sketch de Raymond Devos: la protection des espaces vides	(2.45 m.)

Cassette 3 Face A

CHAPITRE 8 LETTRE À LA PRESSE ET DÉBAT
8.1	*Le téléphone sonne*: 'droits des femmes – que reste-t-il à conquérir?'	(6.40 m.)
8.4	Débat: la parité en politique	(6.37 m.)

CHAPITRE 9 LE CV ET L'ENTRETIEN PROFESSIONNEL
9.1	Micro-campus: l'expérience professionnelle	(6.18 m.)
9.4	Interview avec une conseillère d'orientation	(3.24 m.)

Cassette 3 Face B

9.7	Entretien professionnel	(4.40 m.)

CHAPITRE 10 LA TABLE RONDE ET LE RAPPORT
10.1	*Le téléphone sonne*: 'l'exclusion – comment peut-on agir?'	(8.21 m.)
10.4	Table ronde: vaincre l'exclusion	(11.05 m.)

Cassette I Face A

Chapitre I L'écrit et l'oral

1.1 Micro-campus: les villes (6.5 m.)

Hubert: Donc nous avons aujourd'hui avec nous quatre invités: Didier – bonjour.

Didier: Bonjour.

Hubert: Marie, bonjour.

Marie: Bonjour.

Hubert: Édith . . .

Édith: Salut!

Hubert: Et Jocelyne . . .

Jocelyne: Bonjour

Hubert: Alors j'aimerais bien que nous parlions de vos villes d'origine. Didier, vous, vous venez de Lille, je crois?

Didier: Oui, oui, c'est ça . . . de Lille dans le Nord de la France . . . euh bon, je crois que vous connaissez probablement tous Lille hein, c'est une grande ville près de la frontière belge. Nous avons eu la chance d'avoir un maire très dynamique, qui a été le premier ministre de François Mitterrand, ce qui veut dire qu'il a débloqué beaucoup de fonds pour la ville, et en particulier, maintenant, nous avons le TGV qui vient donc à Lille et la ville a été complètement redéveloppée autour de ce TGV.

Hubert: D'accord, donc c'est une ville qui s'est beaucoup ouverte sur l'extérieur?

Didier: Ben . . ., c'est ce qu'on veut nous faire croire, euh . . .

Hubert: D'accord.

Didier: C'est ça, euh . . . puisque Lille est un point stratégique entre donc Paris, Londres et Bruxelles . . . donc c'est au cœur. Et on a construit donc des complexes de bureaux et puis beaucoup de grandes entreprises euh sont venues s'y installer.

Hubert: D'accord . . . très bien. Marie, vous venez de Lyon?

Marie: De Lyon, oui, dans le Sud-Est de la France.

Hubert: Alors, est-ce que c'est aussi une ville dynamique qui a beaucoup changé au cours de ces derniers temps?

Marie: Euh, c'est une ville qui a ... qui change oui, qui est en train de changer, je crois. Il y a aussi donc le TGV qui relie Paris en deux heures, donc c'est très rapide euh ... c'est une ville qui euh ... la deuxième ville de France au point de vue nombre d'habitants.

Hubert: Hum d'accord.

Marie: C'est très près de la mer et de la montagne, donc ça permet pas mal de loisirs.

Hubert: Moi, j'ai une image de Lyon comme une ville un peu embourgeoisée et un peu somnolente, c'est vrai?

Marie: Oui, je crois que c'est l'image qu'on en a, c'est un peu l'image qu'en ont les Français, je crois que ça change. Il y a de plus en plus ... il y a les ... des universités qui sont importantes, il y a de plus en plus de théâtres, de restos, de sorties, de choses à faire. Donc, je crois que Lyon essaye de sortir de cet esprit bourgeois, justement.

Hubert: D'accord, très bien ... Édith, je crois que vous venez de Paris, c'est ça?

Édith: Oui, c'est ça ...

Hubert: Et, plus particulièrement de quel arrondissement?

Édith: Du premier arrondissement ... en plein centre en fait.

Hubert: D'accord ... oui.

Édith: À deux pas du Forum, à côté du Louvre. Paris, c'est la capitale, euh ... c'est une ville où il a été très, très agréable de vivre euh ... Ça change un petit peu, c'était une ville avec une vie de quartier, des quartiers assez populaires, et en particulier, le premier arrondissement qui était ... à cause des Halles, il y avait beaucoup de magasins de fruits et légumes, de viande, des choses comme ça, donc un quartier très populaire et ça a beaucoup changé dans les dix, vingt dernières années euh ...

Hubert: D'accord, oui. Moi, j'ai un petit peu l'image de Paris comme une ville cosmopolite, un peu anonyme, mais est-ce qu'on peut trouver une vie de quartier, euh même dans une grande ville comme ça?

Édith: Quand ... quand j'y habitais, j'avais cette impression-là euh ... quand j'y retourne maintenant, c'est un petit peu différent, c'est peut-être aussi moi qui me sens ... qui me sens une étrangère.

Les gens qui habitent toujours à Paris maintenant pensent que c'est une ville qui a perdu justement de son ... de son côté humain et agréable et comme vous dites, c'est assez euh ... euh ... comment vous avez dit ça?

Hubert: Un peu anonyme.

Édith: Un peu anonyme, c'est ça, merci.

Hubert: Oui, très bien, d'accord, merci beaucoup. Et Jocelyne, je crois que vous venez d'un pays francophone, le Canada?

Jocelyne: Ah oui, je viens de la province du Québec plus précisément, et de la ville de Québec. Alors, c'est la plus vieille ville francophone en Amérique du Nord. Elle a été fondée en 1608 par Champlain, donc on a d'abord été colonie française et ensuite on est devenu colonie anglaise en 1759, de sorte qu'on a un héritage (pardon) à la fois britannique et français. C'est, euh ... nous, c'est la deuxième plus grande ville de la province euh ...

Hubert: Est-ce que c'est une ville où il fait bon vivre?

Jocelyne: Il fait extrêmement bon vivre parce qu'il y a beaucoup d'activités culturelles, c'est très beau, c'est le long du fleuve euh, c'est une ville gouvernementale, donc il n'y a pas beaucoup d'industries, la seule industrie qu'on a vraiment, c'est les pâtes et papier, euh ... beaucoup d'arbres, près de la montagne aussi, donc on peut faire du ski l'hiver, beaucoup d'excursions en forêt, beaucoup de forêts aussi alentour. Il y a un peu le cachet français, donc beaucoup de cafés, c'est très, très animé l'été, évidemment. L'hiver on ne voit pas grand monde à l'extérieur, mais l'été, la vie à l'extérieur est très intéressante. D'ailleurs, aussitôt que la neige fond, les gens se mettent à sortir et tout le monde se parle, on voit que la vie est très différente.

Hubert: D'accord, très bien. Et enfin pour terminer, j'aimerais bien vous poser une question: si vous pouviez habiter dans une ville francophone, où habiteriez-vous? Vous, Jocelyne?

Jocelyne: Ben ... moi, alors ... oui moi, je choisirais Québec, je trouve que je suis très choyée, ça fait quarante ans que je suis là, j'ai beau y aller l'été, je m'émerveille à chaque fois, et je me trouve bien chanceuse d'habiter une si belle ville, effectivement.

Hubert: Très bien. Elle vous a convaincus, j'espère? (*rires*)

Didier: En fait, oui, moi, puisque depuis longtemps j'ai l'intention d'aller habiter à Montréal qui est pas loin de Québec, donc je crois que oui, j'étais déjà convaincu avant, mais c'est vrai.

Hubert: Et Marie?

Marie: Moi, je crois que j'habiterais à Bruxelles, j'aimerais bien habiter à Bruxelles, parce que c'est une ville assez cosmopolite, et au niveau européen, je crois qu'il y a pas mal de choses qui se passent là-bas . . .

Hubert: D'accord.

Marie: . . . qui seraient intéressantes . . .

Didier: Et il y a aussi beaucoup de bières, je crois.

Marie: Oui, et il y a aussi beaucoup de bières.

Hubert: Et Édith, la Parisienne?

Édith: Moi, j'aimerais bien aller habiter à Marseille.

Hubert: À Marseille? Pourquoi?

Édith: C'est une grande ville, ce que j'aime bien, mais c'est tout près de la mer, pas loin de la montagne, il y a la Provence à côté, il fait chaud aussi et c'est une ville qui est . . . c'est agréable de se promener, il y a tout un tas de petits restaurants, des petites rues et il y a énormément à faire.

Hubert: Merci.

1.4 Un jeune Stéphanois parle de sa ville (1.48 m.)

Stéphanois: Disons que je trouve qu'à St.-Étienne d'abord, c'est une ville minière, c'était une ville minière très en retard par rapport à d'autres villes, si on regarde réellement . . . Par rapport à Lyon, rien qu'à Lyon déjà, c'est pas loin, c'est à cinquante-six kilomètres, il y a mieux de distractions à Lyon qu'à St.-Étienne . . . Lyon est plus riche que St.-Étienne déjà, au point de vue pour tout . . . il y a mieux de distractions pour les jeunes . . . qu'à St.-Étienne, qu'est-ce qu'il y a réellement? Y a la place de l'Hôtel de Ville comme vous voyez ici, y a le Jardin de Marengo, mais j'ai pas quatre-vingt dix ans encore pour aller m'asseoir au jardin de Marengo . . . mais vous voyez euh . . . c'est ça que je regarde, c'est une ville minière, c'est une ville qui a vingt ans de retard ici, vingt ans, bien vingt ans . . . bon, c'est clair aujourd'hui, parce que euh . . . je dirai depuis que le nouveau maire, enfin pas celui-là, l'ancien maire, est rentré, il a fait . . . disons qu'il a fait une chose qui était bien, je trouve, il a fait rénover toutes les façades de St.-Étienne ... et je trouve que c'était très important ... disons que moi, j'ai connu le vieux St.-Étienne, c'était tout noir, on pouvait pas s'appuyer contre un mur, ça, c'était vraiment euh ... et puis euh ... rien que ça disons, cette rénovation qu'il avait apportée, ça éclaircit la ville, mais ça n'a rien apporté aux jeunes encore, ça n'a rien apporté ... par rapport à d'autres villes, il n'y a rien de fait ... c'est ce que je dis n'importe comment, euh ... quand on arrive à faire quelque chose c'est par rapport à la jeunesse ... c'est la jeunesse: parce que j'estime qu'aujourd'hui normalement moi, je suis jeune, je devrais faire l'avenir de ces enfants qui viennent au monde. Je ne peux rien leur assurer ... ces enfants, je sais pas ce qu'ils auront plus tard ... comme ces jeunes, pareil – bon, ben, je trouve que c'est ça, disons. Autrement, St.-Étienne, on peut pas dire qu'il développe quelque chose euh ... pour les jeunes.

1.7 Interview: images de Paris (6.15 m.)

Hubert: Édith, vous avez passé votre enfance à Paris, plus particulièrement dans le premier arrondissement, je crois?

Édith: Oui, oui, tout à fait. J'ai habité Paris pendant ... en plein milieu ... pendant dix-sept ans, à peu près. Jusqu'au moment où c'est devenu trop cher d'habiter à Paris et où il a fallu déménager en banlieue.

Hubert: D'accord.

Hubert: Est-ce que vous pouvez me parler du premier arrondissement où vous avez habité en premier?

Édith: Ben ..., c'est ... c'était un peu, euh ... pour moi, je sais que ça va paraître bizarre pour une grande ville, de parler comme ça, mais c'est ... pour moi, c'était un peu un village. On restait dans le même quartier tout le temps. Mon école était à deux pas, et j'y allais à pied, les magasins étaient à côté etc ... il y avait assez peu de mouvement dans Paris, quand j'étais petite.

Hubert: Vous connaissiez vos voisins, par exemple?

Édith: Euh ... plus ou moins, oui. Enfin il y avait assez peu de rapports, parce que quand même c'est une grande ville, on fait pas ami-ami avec ses voisins, mais, oui, si, on les connaissait. Il y avait vraiment cette idée de village: les gens, en général, habitaient là depuis drôlement longtemps. C'est des immeubles anciens, il y avait

> beaucoup d'enfants, beaucoup de ... et il y avait une vie comme ça de ... j'arrive pas à trouver d'autres mots que village ...

Hubert: Une vie de quartier?

Édith: Oui, une vie de quartier ...

Hubert: Enfin vous dites une vie de village, une vie de quartier, mais quand même avec tous les avantages d'une grande ville ...

Édith: Alors justement ...

Hubert: ... toutes les distractions sur place etc ...

Édith: Toute la vie culturelle d'une grande ville, exactement. Et notre sortie principale, à l'école, c'était le musée du Louvre, ce qui est ... est formidable.

Hubert: Ce qui ferait rêver beaucoup de Français, finalement.

Édith: Exactement. C'est très privilégié, finalement, comme situation.

Hubert: Alors, je crois qu'après, vous avez déménagé en banlieue, c'est ça? À l'âge de dix-sept ans, vous êtes partie vivre dans la banlieue nord, je crois?

Édith: Dans la banlieue nord ... À Saint-Denis.

Hubert: Oui. Comment vous avez vécu cette transition? Parce qu'à dix-sept ans, quand on a envie de sortir etc ... et qu'on se retrouve comme ça dans une banlieue, qu'on ne connaît pas, comment vous avez retrouvé vos repères?

Édith: Ça a été très, très dur ... Ça a été très, très dur. On habitait dans une cité HLM, dans un HLM, parce que c'était un HLM presque 'grand standing' comme on dit, mais quand même ... toujours des immeubles qui sont mal construits, donc on entendait les voisins, on entendait la chaîne des toilettes des voisins, enfin c'était pas terrible, et à l'extérieur, c'était pareil: il y avait l'autoroute, un échangeur d'autoroutes, juste à côté, qui avait pas mal de bruit et c'est ... moche surtout. C'est très, très, très moche ... peu de verdure euh ...

Hubert: Et les transports ... par exemple, pour se rendre à Paris, c'était facile ... pour sortir le soir?

Édith: Pour se rendre à Paris, c'était ... il y a plus difficile. Mais pour moi, habituée à habiter en plein centre et à marcher ... à aller partout en marchant à pied, c'était un choc. J'étais au lycée à Paris, donc je faisais le trajet tous les jours ...

Hubert: D'accord, oui.

Édith: Et quand j'habitais aux Halles, pour aller au lycée, ça me prenait un quart d'heure à peu près, et là tout d'un coup j'en avais pour une heure et quart ... donc aller, et une heure et quart retour ... et il fallait que je me lève une heure à l'avance etc. ... et ça a vraiment changé ma vie, pour ça ... et ... mais bon, à la rigueur, on s'y fait, à ça. Ce à quoi je me suis jamais faite, à habiter là-bas, c'est le soir.

Hubert: C'était mort le soir?

Édith: Complètement mort. À huit heures du soir, tout est fermé. Je suis fumeuse, donc pour acheter un paquet de cigarettes, il fallait que je fasse très attention à l'acheter pendant la journée sinon le soir, c'était foutu ou alors il fallait que j'aille à Paris.

Hubert: Bon très bien, parfait.

Édith: Ce qui voulait dire une heure de transport.

Hubert: Très bien. Édith, j'aimerais bien qu'on parle un petit peu de l'image de Paris, un peu. Par exemple, bon, vous connaissez le film *L'Hôtel du Nord*?

Édith: Oui, oui, tout à fait.

Hubert: D'accord. Donc c'est un film qui parle du petit peuple de Paris, les Parigots etc. ... Est-ce que ça correspond à une réalité? Est-ce qu'on trouve toujours ce Paris du petit peuple ...?

Édith: Non, pas du tout. Enfin, moi, je ... je ... je crois pas. Surtout depuis ... depuis les dix dernières années, je pense. Il y a eu une politique de reconstruction, de rénovation de Paris.

Hubert: D'accord.

Édith: Ils ont fait des trucs assez étranges, ils ont complètement démoli des immeubles, ils en ont gardé les façades. Donc c'est des immeubles qui datent souvent du seizième siècle; ils ont tout cassé et gardé la façade et fait des bureaux derrière. Alors donc forcément, tous les gens qui y habitaient et qui avaient des petits budgets, des petits revenus, ont été obligés de partir en banlieue, d'où moi et c'est un peu ce qui c'est passé, avec justement l'hôtel qui figure dans ce film, *L'Hôtel du Nord*.

Hubert: Qu'est-ce qui s'est passé exactement?

Édith: Eh ben, il a été démoli, alors ça a été un scandale, il y a eu des associations de ... de protection de la ville et du quartier etc. ... C'est à côté du Canal St. Martin qui est un quartier ... qui est un quartier très agréable, et justement, qui a une ... une tradition populaire. C'est sûrement un des quartiers les plus traditionnellement populaires de Paris . . .

Hubert: D'accord . . . très bien.

Édith: . . . et alors ils ont démoli cet Hôtel du Nord, je crois. En tout cas ils en parlaient, mais je pense qu'ils l'ont fait.

Hubert: Alors, à l'inverse de ce Paris populaire, il y a aussi une image de Paris qui est la ville phare pour les intellectuels etc . . . est-ce que ça justement, encore une fois, est-ce que ça correspond à une réalité?

Édith: Peut-être un petit peu plus, mais pas énormément. C'est surtout . . . c'est une espèce de snobisme . . . Paris avait quelque chose de véritable . . . maintenant il n'en garde que le snobisme de tout ça. Les cartes postales de Paris montrent le Canal St. Martin en noir et blanc, photographié par Doisneau et sous certains angles, à certains moments de la journée, on peut peut-être s'imaginer ça . . .

Hubert: Ce sont quand même des images qui hantent toujours l'imaginaire des Français . . .

Édith: Ah oui, tout à fait . . . des Français, des touristes aussi. Beaucoup de touristes viennent pour ça. Et, je crois qu'en grande partie, les touristes qui viennent à Paris sont déçus de ne pas retrouver cette ambiance au quartier latin. Tout est devenu impersonnel, très, très snob, plus du tout populaire, c'est une ville d'apparence, un peu.

Hubert: D'accord.

Édith: Il n'y a plus la substance populaire, effectivement intellectuelle et un peu avant-gardiste etc . . . du Paris qu'on peut imaginer. Pour moi, ça n'existe plus, et j'en suis partie, il y a cinq ans donc . . .

Hubert: Quel dommage!

Édith: Oui, quel dommage.

Chapitre 2 La presse et les actualités

Interview: la presse en France (5.00 m.)

Catherine: Alors Didier, vous faites une école de journalisme. Comme vous le savez bien, la presse en France traverse une période de crise . . . Il y a quelque temps, le *Quotidien de Paris* a déposé son bilan, et puis le quotidien *InfoMatin*, lancé en 1994, n'a même pas eu le temps de fêter ses deux ans. Alors . . . pourriez-vous nous parler de la presse en France et en particulier de cette crise qui semble frapper les quotidiens nationaux?

Didier: Oui, et d'abord, il faut dire que les difficultés que doit affronter la presse quotidienne ne datent pas d'aujourd'hui. Le déclin de la presse a commencé, il y a plus de dix ans puisque entre '80 et '90 le nombre des lecteurs a diminué de plus d'un quart. Actuellement, la France arrive au vingt-deuxième rang dans le monde avec cent cinquante-six exemplaires lus pour mille habitants et au huitième rang dans l'Union européenne. Alors non seulement le nombre de lecteurs a baissé depuis les années quatre-vingts, mais le nombre de quotidiens connaît également en France une diminution régulière depuis le siècle dernier où on comptait en effet deux cent cinquante titres, cent soixante-quinze juste avant la deuxième guerre mondiale et il n'y en a plus aujourd'hui qu'une cinquantaine.

Catherine: D'après vous, quelle est la cause de cette désaffection vis-à-vis des quotidiens?

Didier: Ben, je crois qu'il y a en a plusieurs. Il y a tout d'abord le coût excessif de la presse. En vingt ans le prix des quotidiens nationaux a été multiplié par treize. Un quotidien en France vaut par exemple environ sept francs aujourd'hui. À titre de comparaison le *Times* est vendu quarante pence, soit environ moitié moins cher. Ensuite il faut savoir que les journaux subissent la concurrence de la télévision et de la radio. Pour beaucoup de Français, le journal télévisé du soir et les informations entendues à la radio suffisent amplement. Alors pour avoir une analyse plus approfondie des événements, ils vont acheter les hebdomadaires. Cela leur revient moins cher et cela leur prend moins de temps. Enfin il faut ajouter que face à ces changements médiatiques, la presse quotidienne n'a pas toujours su se remettre en question, laissant partir des nouveaux lecteurs et cela surtout parmi les plus jeunes et c'est précisément à eux qu'*InfoMatin* s'adressait en priorité. Alors malheureusement il lui aurait fallu doubler le nombre de ses lecteurs pour trouver un équilibre financier.

Catherine: Et pourquoi le coût de la presse est-il si élevé en France?

Didier: Plusieurs facteurs contribuent à ce prix élevé des quotidiens nationaux. Ils ont tout d'abord dû affronter deux catastrophes au cours des années 1990: la récession publicitaire après la guerre du Golfe, récession qui a mis les journaux à genoux, puis ensuite une hausse vertigineuse du prix du papier – on estime ça à plus de cinquante pour cent d'augmentation en un an – et ça au moment même où elle commençait à se redresser. Deux autres facteurs aggravants: le coût excessif de la distribution et une main d'œuvre technique contrôlée par un syndicat du livre puissant. Face à ces difficultés financières, les journaux ont donc été contraints d'augmenter leur prix de vente, et cela au risque de perdre des lecteurs.

Catherine: Maintenant, pourriez-vous nous parler de la diffusion des quotidiens nationaux et nous dire à quelle mouvance politique ils appartiennent?

Didier: Alors le quotidien national avec la plus grande diffusion quotidienne en 1995, c'était *Le Parisien* – avec 440 000 exemplaires en moyenne vendus tous les jours. Son édition nationale s'appelle maintenant *Aujourd'hui* et c'est le journal le plus lu en région parisienne; il se situe politiquement au centre. En seconde position, on trouve le grand journal conservateur *Le Figaro*, puis *Le Monde* – un journal de centre-gauche. En quatrième position c'est *L'Équipe*, le quotidien du sport, puis *France-Soir*, un journal populaire conservateur, lui aussi, qui a perdu beaucoup de ses lecteurs au cours des années 80. Après ça, c'est *Libération* qui représente plutôt la gauche, mais pas la gauche traditionnelle. Ses lecteurs sont plutôt jeunes et travaillent dans le secteur tertiaire. Ensuite, on a *La Croix*, le journal catholique, et finalement *L'Humanité*, l'organe du parti communiste, avec 66 000 exemplaires.

Catherine: On dit qu'en France, contrairement à la Grande-Bretagne, la proportion d'abonnement est faible. Est-ce exact?

Didier: Oui, oui tout à fait exact. Soixante-trois pour cent des Français achètent leurs journaux dans un kiosque alors que les Anglais en général se les font livrer à domicile. Ainsi un foyer sur deux en Grande-Bretagne achète tous les jours un quotidien, mais en France c'est un foyer sur quatre.

Catherine: Et qu'en est-il de la presse magazine?

Didier: Alors là ça va plutôt bien. Contrairement aux quotidiens, la presse magazine se porte bien en France avec plus de trois mille titres. Près de la moitié de ces titres sont des revues techniques ou professionnelles qui se vendent surtout sur abonnement. Mais pour ce qui est de la presse grand public, on compte huit cents titres spécialisés contre cinq cents d'information générale et politique. Alors parmi les titres de la presse spécialisée grand public, les plus lus sont, bien sûr, les magazines de télévision, puis les magazines féminins et enfin les revues de loisirs: sport, bricolage, automobile etc ... Et on trouve aussi des magazines d'information qu'on appelle *news magazines* et parmi ceux-ci, c'est l'hebdomadaire *Paris Match* qui vient en tête ... mais on trouve aussi des titres comme *Le Figaro Magazine, Le Nouvel Observateur, L'Express, Le Point,* et bien sûr *L'Événement du Jeudi.*

Catherine: Eh bien merci, Didier.

2.4 Interview: le métier de journaliste (2.48 m.)

Journaliste: Monsieur Guiomard, pourriez-vous nous parler de votre métier de journaliste, à savoir comment se fabrique un article, c'est-à-dire, à partir du moment où vous avez une idée jusqu'au moment où l'article est imprimé dans le journal?

M. Guiomard: Oui, bien sûr, alors tout d'abord il y a l'idée. Alors on peut l'avoir en voiture, on peut l'avoir en lisant d'autres journaux. Donc il faut une idée. Alors cette idée-là est ensuite validée par un supérieur hiérarchique qui peut être un chef de service ou un rédacteur en chef. Alors si l'idée est validée, si elle est acceptée, à ce moment-là on commence les premières recherches, c'est-à-dire qu'on essaye de savoir qui est intéressant sur le sujet: on fait quelques prises de contact à ce niveau-là. Une fois que ces prises de contact sont faites, on obtient un nombre précis de personnes à interviewer. On les contacte, on fixe les interviews, et ensuite on va les voir et on les interroge sur une question précise. Bon, ce travail terminé, on passe ensuite au travail d'écriture.

Alors l'écriture maintenant se fait sur ordinateur, donc suivant le nombre de signes qui a été fixé au départ par le rédacteur en chef, on fait huit mille, dix mille, quinze mille, vingt mille signes. Ça dépend de ce que souhaite le journal. Une fois cette écriture faite, on passe à la relecture de l'article, puis ensuite on fait valider cet article-là par le rédacteur en chef. Alors lorsqu'il est d'accord, lorsqu'il valide l'article, celui-ci est considéré comme terminé pour le journaliste, mais ce qui ne signifie pas qu'il est terminé pour l'article, puisque l'article passe ensuite dans les mains ... entre les mains du secrétaire de rédaction. Donc, là, cette personne qui est aussi un journaliste, va corriger les fautes d'orthographe, va essayer de voir s'il n'y a pas des problèmes de sens, va faire les titres et va faire également les intertitres. Une fois que tout cela est terminé, lorsque la copie est dite propre, on passe ensuite à un autre corps de métier qui s'appelle le metteur en page. Celui-là donc, met, comme son nom l'indique, met en page l'article dans un ... dans une page précise. Une fois le travail terminé, il y a une dernière relecture qui est faite par, soit le secrétaire de rédaction, soit le rédacteur en chef, soit le journaliste lui-même: ça dépend combien il y a de personnes dans les rédactions; une fois cette mise en page-là, cette relecture-là terminées, le travail journalistique proprement dit est fini et là, ça passe ensuite à l'imprimerie. Donc là, à l'imprimerie ensuite, il y a du flashage et ça passe ensuite sur les rotatives, et à ce moment-là, l'article est mis dans un journal, et vous pouvez l'acheter dans votre kiosque préféré.

2.7 Extraits du journal de *France inter* (4.50 m.)

Commentatrice: Le Journal, Gérard Courchelle

G. Courchelle: Bonjour. La réforme de la Sécurité sociale rentre dans sa phase ultime. Après demain, le Conseil des ministres examinera les trois dernières ordonnances. Le même jour, les députés débattront du financement de la Sécu, et trois syndicats de médecins appellent à la grève.

Les mémoires de François Mitterrand paraîtront demain en deux volumes: le premier est une autobiographie qui va de 1940 à 1995; le second, un ouvrage sur l'Allemagne, de la chute du mur à l'unification.

La gauche italienne et ses alliés centristes donnés gagnants des législatives. Selon les estimations, la coalition serait majoritaire au Sénat. C'est plus flou pour la chambre des députés.

Au Proche-Orient, il est question de trêve mais la nuit a encore été marquée par des bombardements israéliens sur le Liban et des tirs de roquettes du Hezbollah sur le Nord d'Israël. Les diplomates vont et viennent d'une capitale à l'autre, selon des orbites qui ne coïncident jamais. Pourtant Paris et Washington affirment coopérer pour un cessez-le-feu rapide.

Robert Hersant, le fondateur du plus puissant empire de presse français, est mort hier à 76 ans. La Socpresse contrôle le tiers des quotidiens français. Elle est lourdement déficitaire.

Le tournoi de tennis de Monte Carlo qui commence aujourd'hui est une sorte de répétition générale de Roland Garros. Cette année le plateau est particulièrement prestigieux.

G. Courchelle: L'homme le plus mystérieux de la presse française, Robert Hersant, est mort chez lui près de Paris, hier après-midi. Il avait soixante-seize ans. Il y a un peu plus d'un an, Robert Hersant avait subi un quadruple pontage coronarien et il avait été admis dans un état de grande faiblesse au début de la semaine dernière, à l'hôpital américain de Neuilly. Robert Hersant, comme l'écrit ce matin Alain Peyrefitte dans *Le Figaro*, le quotidien amiral du groupe, était un roi de la communication qui communiquait fort peu. PDG de la Socpresse, il était à la tête du premier groupe de presse français, un empire qui comprend *Le Figaro*, *France-Soir* et une multitude de quotidiens régionaux: *Nord-Matin*, *Presse-Océan*, *Le Dauphiné Libéré* ou *Le Progrès de Lyon*. Jean-Marie Charon, directeur de l'Observatoire de la presse, rappelle le rôle joué par Robert Hersant dans la modernisation et l'industrialisation de la presse française:

J.-M. Charon: Je crois que pour tous les observateurs de la presse, Robert Hersant était d'abord, je dirais, le premier grand entrepreneur de presse quotidienne de l'après-guerre, enfin de l'après-deuxième guerre mondiale. On peut dire que dans la ... avant la première guerre mondiale, on a vu un immense entrepreneur qui était Jean Dupuis, et

depuis la deuxième guerre mondiale, on a eu effectivement la montée de Robert Hersant. Je crois qu'il a surtout
été celui qui, dans la presse française, a imaginé que pour
développer des quotidiens, il fallait trouver une dimension industrielle à ceux-ci, c'est-à-dire aussi bien savoir
regrouper les rédactions et les moyens rédactionnels, et
savoir trouver aussi une taille critique dans le domaine
de la publicité et dans le domaine de la fabrication, en
imaginant qu'à partir de ce moment-là il arriverait à faire
des quotidiens meilleurs et des quotidiens plus access-
ibles pour le grand public.

G. Courchelle: La disparition de Robert Hersant, surnommé le papivore,
va rapidement poser la question de la survie de son
groupe de presse – Jean-Marc Four:

J.-M. Four: Depuis quelques années le groupe Hersant est en effet
confronté à de très importantes difficultés financières.
On parle de plusieurs centaines de millions de francs
de déficit, au moins; déficit lié à la crise de la publicité,
mais aussi à l'investissement coûteux de l'imprimerie
de Roissy-Print. En 1994 déjà, Robert Hersant avait
été obligé de revendre plusieurs magazines spécialisés
comme *Pêche et Chasse* au groupe britannique Emap.
Mais l'équilibre financier n'avait pas été rétabli pour
autant, loin s'en faut, et à plusieurs reprises les banques
ont menacé le papivore de lui couper les vivres. La
mort de Robert Hersant pourrait donc signifier, à brève
échéance, la transformation du paysage de la presse.
Quelques très grands quotidiens pourraient voir leur sort
mis dans la balance: des quotidiens régionaux mais aussi
et surtout deux quotidiens nationaux: *Le Figaro* et *France-
Soir*. *Le Figaro*, journal rentable, intéresse depuis longtemps
le groupe LVMH de Bernard Arnault. *France-Soir*, en
revanche, est dans une situation très périlleuse avec un
déficit persistant de l'ordre de cent millions de francs et
des négociations en cours difficiles avec la CGT du livre.
La survie de *France-Soir* est aujourd'hui très hypothétique.

G. Courchelle: Pendant des années, Robert Hersant aura été la bête
noire des syndicats de journalistes. Ces derniers avaient
déposé plainte, contre le patron de presse, pour non-
respect des ordonnances de 1944, sur l'interdiction des
concentrations excessives dans la presse. La plainte n'a
jamais abouti: que ce soit sous des gouvernements de
gauche ou de droite, Robert Hersant, habile tacticien,

avait des amis dans toutes les familles politiques. Son parcours du pétainisme, à l'UDF, en passant par la gauche des années soixante, lui facilitait la tâche.

Cassette 1 Face B

Chapitre 3 L'exposé écrit et oral
3.1 Micro-campus: faire un exposé (5.36 m.)

Hubert: Alors à l'université, on demande très souvent maintenant aux étudiants de faire des exposés, soit dans leur langue maternelle, soit dans une langue étrangère. Alors c'est pas facile, il y a beaucoup de savoir-faire à maîtriser. Mais heureusement, l'expérience peut aider l'étudiant à améliorer ses exposés au bout d'un certain temps, j'imagine.

Alors Édith, est-ce que vous voulez commencer? Quelle est la première chose à faire lorsqu'on doit faire un exposé?

Édith: Il faut considérer son auditoire, je pense. Avant de définir le sujet ou les aspects que l'on va aborder, il faut d'abord savoir exactement à qui on va s'adresser. Quel genre d'auditoire pour pouvoir adapter son registre, sa façon de penser, ses recherches aussi. Et puis bien sûr justement, la recherche, la préparation, sont très, très importantes. Il faut . . . il faut peut-être aller un petit peu en dehors du . . . du sujet précis qu'on veut, aller chercher des informations dans des ouvrages à caractère général d'abord, et puis . . . et puis ensuite, une fois qu'on a bien . . . une bonne idée du vague du sujet, aller vers des ouvrages plus spécialisés pour approfondir la question. Ce qui est important je pense, c'est vraiment, vraiment bien maîtriser son sujet, en savoir plus que ce dont on va parler pour pouvoir être à l'aise et maîtriser son trac au moment de . . .

Hubert: D'accord oui . . . euh, donc au départ une bonne préparation est essentielle?

Édith: Tout à fait, tout à fait, capital.

Hubert: D'accord. Pour vous Didier, qu'est-ce qui est important dans la préparation d'un exposé?

Didier: Ben, moi, je suis en fait d'accord avec ce que vient de dire Édith. Je crois qu'elle a raison d'insister sur la phase de préparation, mais aussi je pense que ce qui est très important, c'est le plan. Et on peut, par exemple, faire un plan linéaire en trois parties, c'est-à-dire une introduction, une partie principale et une conclusion, et je crois que c'est important parce que ça montre qu'on a réfléchi à ce qu'on va dire et que ... et c'est clair. Et puis ça aide les gens qui vous écoutent bien sûr. Alors on peut ... moi, j'aime bien avoir des exposés où c'est très structuré. Alors on peut structurer en paragraphes, et puis donc ce qui est important, à mon avis, c'est de bien relier les paragraphes en utilisant des connecteurs comme *par exemple, effectivement, d'ailleurs, néanmoins, en con-séquence*, et puis je crois aussi qu'il faut donner des exemples, parce que les gens comprennent mieux avec des exemples, et pourquoi pas, même, raconter une anecdote autour du sujet. Euh, et puis je crois qu'on pourrait ajouter aussi l'importance des sup-ports visuels, des schémas, des graphiques, des choses comme ça.

Hubert: D'accord très bien. Donc une bonne organisation, ça veut aussi dire qu'on peut s'adapter?

Didier: Ah oui, absolument, je crois qu'il faut ... il faut s'adapter et je crois qu'il faut regarder un petit peu les signaux qu'on peut avoir des gens qui vous écoutent et puis effectivement ralentir, insister, répéter peut-être des mots difficiles ou des idées qui ont peut-être mal passé.

Hubert: D'accord, très bien. Et vous, Marie, sur quoi vous insisteriez?

Marie: Alors, en ce qui concerne l'exposé en soi, je crois qu'il est très important d'être ... de bien maîtriser son sujet et d'avoir des transparents qui sont très organisés et préparés à l'avance; il est très important qu'ils soient tapés sur traitement de texte, qu'ils soient lisibles et clairs; il faut les ... à mon avis c'est important de les numéroter aussi et de s'être entraîné auparavant chez soi, éventuellement devant un miroir afin de ... d'être à l'aise, de savoir exactement ce qu'on va dire et à quel moment on va le dire; il faut aussi ne pas lire les transparents mais savoir reformuler ce qui est écrit afin de donner ... de vraiment donner l'impres-sion qu'on maîtrise tout à fait ce qu'on dit ...

Didier: Oui, et au sujet des transparents, moi, j'aimerais ajouter peut-être une petite chose, parce que je l'ai vu souvent à l'université. C'est de bien peut-être faire relire les transparents par d'autres per-sonnes parce que souvent il y a des fautes ...

Marie: Souvent des fautes qui échappent quand on a travaillé longtemps dessus.

Didier: Exactement, et je crois que ça, c'est très gênant quand on le mon-tre à tout le monde, puis je crois que ce qu'il ne faut pas oublier non plus, et on l'avait déjà un petit peu mentionné tout à l'heure, c'est le contact avec l'audience. Donc il faut bien regarder les gens à qui on s'adresse, et puis faire attention à sa gestuelle et à la kinésique, et bon ... évidemment on est souvent debout, mais il faut bien utiliser les gestes pour appuyer certains arguments et je sais qu'il y a souvent des gens qui sont un petit peu timides, mais c'est pour ça, comme disait Marie tout à l'heure, l'utilisation du rétroprojecteur par exemple, c'est une bonne stratégie. Et puis la voix, il faut savoir varier le rythme du débit, le volume de la voix et ne pas hésiter à faire des petites pauses, en fait. Il ne faut pas avoir peur du silence.

Hubert: D'accord. Mais est-ce que vous avez des conseils plus spécifiques si vous devez faire un exposé en français?

Édith: Il faut vérifier les structures ... les structures de phrases, la grammaire, avant de ... avant de présenter, pour être sûr de ne pas faire des phrases trop bancales. On peut chercher dans une grammaire ou un dictionnaire. On peut aussi demander à un ami ou à une amie francophone de servir d'audience pour faire une répétition.

Hubert: D'accord ... pour voir un peu l'effet de votre exposé.

Édith: Exactement.

Hubert: D'accord, très bien, oui. Et je crois aussi qu'il faut faire attention aux noms propres peut-être, aux dates ...

Édith: Ah oui, pas écorcher ... pas écorcher les noms propres et puis les dates ... oui, être bien sûr que c'est la bonne date.

Hubert: D'accord, merci bien.

3.4 L'exposé: l'essor des nouvelles télécommunications (5.30 m.)

Mme Nota: C'est en tant que chercheur en sciences et techniques de l'information que je m'adresse à vous aujourd'hui. Le sujet que je voudrais aborder est celui des récentes découvertes technologiques et leur impact dans les télécommunications.

Comme nous pouvons le constater dans notre vie de tous les jours, les années quatre-vingt-dix ont vu des progrès importants dans le domaine des télécommunications. Ce qui est certain, c'est qu'aujourd'hui, le bon vieux téléphone, c'est fini.

Il est remplacé par le répondeur téléphonique que l'on peut interroger du fin fond du désert californien; le micro-ordinateur sur lequel un physicien à Chicago peut transmettre ses calculs à un centre de recherche en Australie; la téléconférence qui permet à des hommes d'affaires, entre autres, de converser à distance. En dix ans, les télécommunications mondiales ont été multipliées par deux fois et demie. Alors la question que tout le monde est en droit de se poser est la suivante: comment un tel essor a-t-il pu se produire en si peu de temps. La réponse est simple: c'est l'enchaînement de plusieurs découvertes technologiques qui a permis cette récente révolution.

Tout d'abord, je commencerai à parler de la découverte du numérique, système qui permet de transporter rapidement des données informatiques, et plus seulement de la voix. Je continuerai avec la deuxième découverte, celle de la compression, une étape fondamentale dans la retransmission des images animées. En troisième lieu, je présenterai le commutateur ATM, dernier né de la commutation téléphonique et développé par des ingénieurs français. Finalement, je parlerai de l'introduction de la fibre optique dans les réseaux, ce qui permet de multiplier par mille le flux d'informations transmissibles.

Pour commencer, il faut savoir que, jusqu'au début des années soixante-dix, le concept de base du téléphone est resté quasiment inchangé. Puis, ces quatre découvertes ont tout bouleversé. La première fut donc celle du numérique. Au lieu d'utiliser un signal qui varie en fonction de son intensité, le fil du téléphone transporte désormais un signal numérisé, c'est-à-dire constitué d'une suite de zéros et de uns. Ceci permet à un ordinateur de le déchiffrer et de le manipuler. La deuxième découverte, la compression, a permis aux télécommunications de se lancer à grande échelle dans le transport des images. Il s'agit tout simplement de réduire le nombre de zéros et de uns nécessaires, au moyen de fonctions mathématiques complexes. Prenons l'exemple d'un débat télévisé. La retransmission continue d'éléments redondants, comme le décor d'un plateau, peut être omise d'une image à l'autre, sans pour autant nuire à la qualité du message. Ainsi, cette découverte permet non seulement de véhiculer davantage de services et de programmes mais aussi de développer l'interactivité, autrement dit, la manipulation de l'image. Il faut signaler également le commutateur ATM qui constitue une étape incontournable. Il s'agit d'un commutateur, autrement dit d'une sorte d'aiguillage, à partir duquel s'organise la circulation des informations aux carrefours des télécommunications. Sans commutateur ATM, les embouteillages paralyseraient les autoroutes de l'information. Et finalement, le quatrième saut technologique dont nous devons parler, c'est l'introduction de la fibre optique dans les réseaux. Aujourd'hui, elle a supplanté les câbles en cuivre dans les liaisons sous-marines, ce qui signifie qu'à l'avenir, elle permettra, entre les grandes villes, la diffusion d'images et de services interactifs jusqu'au domicile des particuliers.

Afin de comprendre comment ces découvertes vont opérer dans la vie quotidienne, regardons ce schéma. Vous pourrez recevoir et envoyer des informations multimédias à partir de votre matériel informatique et télématique, c'est-à-dire votre ordinateur mais aussi votre téléviseur. Ces informations seront acheminées principalement par fibre optique, et c'est le commutateur ATM qui gèrera toutes ces communications à haut débit. Pour résumer, je voudrais revenir sur ce que Gérard Théry souligne dans son rapport sur les autoroutes de l'information: ce sont ces récentes découvertes qui ont permis le développement de réseaux aux potentiels toujours plus importants. Du Minitel d'hier, nous sommes passés aujourd'hui à l'Internet. Demain 'les autoroutes de l'information' permettront des échanges d'images animées avec autant de facilité que le téléphone permet des échanges phoniques. La notion de distance sera abolie et les frontières disparaîtront. Chacun pourra émettre des images ou des données aussi facilement qu'il les recevra. Et je conclurai avec l'heureuse expression de Bill Gates, le PDG de Microsoft: grâce à cette révolution technologique, chacun disposera, à l'avenir, de 'l'information au bout des doigts'.

3.7 Reportage: la voiture électrique (4.05 m.)

Présentateur: Aujourd'hui nous sommes au Mondial de l'Automobile et la grande nouveauté, c'est la voiture électrique. Eh oui! La France se branche et les voitures électriques, ça démarre. Alléluia! La raison? La lutte antipollution a finalement eu raison des résistances. Dans trois ou quatre ans, vous serez peut-être au volant d'une de ces petites voitures!

Laissez-moi vous raconter ma visite hier, à Jacques Meunier, jeune médecin généraliste, qui travaille à La Rochelle. Alors imaginez la situation: il est dix-sept heures, Jacques est impatient. Comprenez-le bien: il lui reste encore trois visites à faire avant de rentrer chez lui. Or, devinez quoi? Sur le cadran rond de sa petite Peugeot '106' électrique, l'aiguille est entrée dans la zone orange et s'est fixée sur le chiffre vingt, ce qui signifie qu'il reste à Jacques vingt pour cent d'énergie disponible. D'ailleurs, un clignotant sur le tableau vient de s'allumer: 'Attention, pensez à la recharge'. Jacques se dirige vers la station-service Total. Tout d'un coup il freine brutalement . . . Aïe, Aïe, Aïe. Qu'est ce qui se passe? Il a encore failli écraser un piéton. Le problème? Sa '106' est totalement insonore, donc dangereuse pour les imprudents qui traversent sans regarder. Décidément, il va devoir utiliser son klaxon plus souvent. Bon, le voici donc arrivé à la station-service: la 'pompe' ressemble à une grosse borne futuriste. Extraordinaire! Elle avale sa carte bancaire. Il ouvre la trappe sur l'aile juste derrière la roue. De la borne, il tire un gros fil noir qu'il branche sur la prise spéciale à recharge rapide. Puis il achète un journal . . . Il a largement le temps de lire la première page et les résultats sportifs. Il en a entre douze et quinze minutes pour recharger de quoi faire, à peu près, trente kilomètres supplémentaires.

Laissons-le à ses batteries et faisons un saut en arrière . . . Alors à l'origine, la mairie avait envoyé une lettre à un millier de Rochelais: 'Seriez-vous candidat pour louer une voiture électrique . . .?' Vous devinez le reste. Sur deux cents candidats, cinquante ont été retenus dont Jacques qui a accepté de jouer les clients-cobayes – première mondiale – expérimenter un service de location longue durée pour voitures électriques.

Sa '106' électrique? Il l'adore, bien sûr, malgré le problème de la recharge . . . C'est un véritable jeu d'enfant que de conduire cette petite machine. Il n'y a que deux pédales: le frein et l'accélérateur – pas de vitesses à passer et un bouton-poussoir sur le plancher de bord pour aller en marche arrière. Question vitesse? OK, ce n'est pas encore une Formule un: mais quatre-vingt-dix kilomètres à l'heure. Et la voiture électrique bénéficie d'une autonomie qui varie entre quatre-vingt-dix kilomètres en ville et cent soixante kilomètres extra-muros. Côté argent . . . ça coûte cher de louer une voiture électrique? Là, franchement, ça dépend de ce que vous appelez cher. Jacques paye deux mille francs par mois, mais attendez: dans le prix de la location sont inclus à la fois l'entretien, le dépannage du véhicule et l'éventuel échange des batteries. Donc c'est très raisonnable. Et le coût de l'électricité pompée la nuit, dans son garage, sur une simple prise de courant, écrase le prix du 'super' et même du gazole. Au tarif de nuit, un plein d'électricité, c'est-à-dire de quoi rouler cent kilomètres en ville, revient à moins de huit francs. Par contre, la recharge est lente, très lente. Elle nécessite, chez lui ou dans les parkings de la ville, huit heures d'affilée. Oui, j'ai bien dit huit heures: toute une nuit.

Alors pour ou contre la voiture électrique? Moi je suis convaincu, à cent pour cent. Jacques aussi d'ailleurs – et je vais vous dire pourquoi. D'abord savez-vous que soixante-trois pour cent des véhicules français parcourent en moyenne moins de soixante kilomètres par jour? Alors la faible autonomie des batteries, c'est pas un problème! D'autre part, l'usage d'un véhicule électrique est très économique. Pensez-y! La maintenance est négligeable et le moteur inusable. Eh oui . . . il vous durera toute une vie. Incroyable hein, mais vrai. Ensuite, il y a des aides publiques très intéressantes pour les acheteurs. Et finalement, un million de véhicules à essence convertis à l'électricité permettraient à la France d'économiser chaque année un million de tonnes de pétrole brut et encore mieux trois millions de tonnes d'émission de CO_2. Alors qu'attendez-vous? Soyez civiques et roulez électrique!

Chapitre 4 L'interprétation et la traduction

4.1 Interview: le métier d'interprète (4.15 m.)

Hubert: Yves, vous travaillez actuellement comme professeur de français langue étrangère, mais vous avez également une formation d'interprète. Alors racontez-moi un peu comment vous avez choisi l'interprétariat et en quoi consiste la formation.

Yves: Bien, c'est plutôt l'interprétariat qui m'a choisi en fait, parce qu'en sortant de fac, je m'ennuyais un petit peu . . . j'ai fait de la traduction, j'étais aussi un petit peu comédien, je faisais du . . . je travaillais dans le théâtre et on m'a demandé de doubler des films et progressivement, euh . . . une carrière et l'autre se sont euh . . . enfin les deux carrières se sont jointes et j'ai eu donc une formation d'interprète, comme on dit en français, 'sur le tas'.

Hubert: Vous avez appris sur le tas ...

Yves: Voilà.

Hubert: D'accord, très bien. Et vous vous spécialisez?

Yves: Je me spécialise, oui ... en fait, il y a plusieurs sortes d'interprétariat. Vous avez l'interprète social. Ce n'est pas l'interprétation de cocktail. C'est plutôt ... vous êtes moitié assistant, assistante sociale et un petit peu avocat, ami, parent. Vous travaillez donc dans la communauté, vous avez, peut-être, des connaissances, j'sais pas, de polonais ou d'urdu, quelque chose comme ça, et vous travaillez dans les tribunaux. Ensuite, il y a le ... ce qui s'appelle le chuchotage. Vous êtes seul dans un congrès avec quatre ou cinq personnes: vous chuchotez ce qui se passe.

Hubert: Donc des conditions de travail très variées, alors!

Yves: Très, très variées. Ensuite vous avez la possibilité de faire ce qui s'appelle de la liaison. Vous traduisez une phrase à la fois. Euh ... ensuite il y a ce qui s'appelle le consécutif. Alors là, c'est la prise de notes. Vous travaillez pendant cinq, dix minutes. Vous prenez des notes sur ce qui est dit. Ensuite vous 'recrachez' ce qui a été dit par l'intervenant. Alors moi, ce que je fais, c'est plutôt ce qui s'appelle le simultané en cabine.

Hubert: Hum, hum.

Yves: Et vous êtes dans une énorme boîte avec un ou une collègue et simultanément avec l'intervenant, vous répétez, vous interprétez plus ou moins ce qui a été dit.

Hubert: Ce n'est pas un peu ennuyeux, ça, non?

Yves: Non, c'est très stressant. On oublie tout ce qui se passe, une fois qu'on est lancé, ça va. On pense aux courses, on pense à ce qui se passe à la maison euh ... et le temps passe très vite.

Hubert: Ça vous arrive de vous tromper, de faire des erreurs?

Yves: Euh, oui. Il faut savoir se rattraper. Il y a des techniques spéciales de réparation. Si vous êtes par contre interprète allemand, il faut attendre le verbe tout à la fin d'une phrase, ce qui est encore plus stressant, mais avec le français, l'anglais, ça va plus ou moins.

Hubert: D'accord, très bien. Et quels sont les côtés de votre métier qui vous plaisent le plus?

Yves: Eh bien, je pense que ce qui me plaît le plus, c'est euh ... de pouvoir me déplacer, de rencontrer des gens toujours nouveaux, euh . . . d'apprendre des choses nouvelles. Ça me permet de rentrer en France, de prendre l'avion, euh de rester . . . descendre dans des hôtels de luxe, enfin, des choses comme ça.

Hubert: C'est formidable, quoi. Euh . . . alors bon, je suppose qu'en plus de la formation proprement dite, il faut des qualités. Est-ce que c'est un don, l'interprétariat?

Yves: Eh bien, c'est tout comme les enseignants euh . . . divers dans les facs, dans les écoles. Il faut être et formé et éduqué, je pense. Donc la formation, ça prend un certain temps, mais l'éducation d'un interprète, là encore c'est un processus lent et il faut savoir euh . . . enfin les qualités qu'il faut, je pense, c'est la patience, il faut avoir beaucoup de sang-froid, de charme, de diplomatie . . .

Hubert: De charme?

Yves: Le charme surtout . . . il faut avoir la stamina d'un athlète parfois, parce que si . . . c'est un travail vraiment crevant.

Hubert: D'accord, très bien. Et pour terminer, Yves, est-ce que vous avez une petite histoire à nous raconter sur votre . . . sur votre métier, une histoire, je ne sais pas, une expérience fâcheuse par exemple.

Yves: Oui, il m'est arrivé une fois d'entrer dans la cabine et de voir à côté de moi une dame. Elle n'était pas une femme forte; elle était grosse, elle était énorme. Elle était blême et elle me dit: 'Qu'est-ce que c'est que ces petits boutons? Racontez-moi les petits boutons'. Et je me rends compte que cette femme n'avait jamais mis les pieds dans une cabine . . .

Hubert: (*rires*) D'accord, oui.

Yves: La séance commençait et je l'ai laissée faire. Alors l'intervenant a dit: 'Hello Ladies and Gentlemen. Welcome to this evening . . .'. Elle a répété: 'Good morning Ladies and Gentlemen' en anglais mais avec un accent français. Alors là, c'était la panique totale. Il a fallu que je reprenne comme ça, du tac au tac.

Hubert: Mais vous avez conservé votre sang-froid.

Yves: Absolument.

Hubert: Très bien. Merci.

4.2 Interprétation de liaison: les institutions-clés de la Communauté européenne (7.42 m)

Je voudrais commencer, ce matin, par vous présenter brièvement les trois institutions-clés de la Communauté européenne/*

Tout d'abord il y a la Commission européenne, qui siège à Bruxelles./C'est l'administration centrale de la Communauté, avec 13 000 fonctionnaires./

Elle comprend vingt commissaires, dont un président et cinq vice-présidents./ Ils sont tous nommés pour cinq ans par les États membres et chaque commissaire est responsable d'un secteur précis./

Il faut signaler toutefois que les décisions sont prises collégialement par la Commission./Les commissaires représentent ainsi les intérêts de la Communauté européenne et sont responsables collectivement devant le Parlement européen./

Ensuite, le Parlement européen, c'est l'organe législatif de la Communauté européenne. Ses députés, aujourd'hui au nombre de 626, sont élus au suffrage universel direct./

Son rôle est d'assurer le contrôle politique des activités communautaires. Aucun texte ne peut être voté sans l'accord du Parlement et le Parlement peut, à la majorité des deux-tiers, censurer la Commission et l'obliger à démissionner./

La troisième institution-clé, c'est le Conseil des ministres, l'organe décisionnaire de la Communauté./ C'est là où, par exemple, tous les ministres de l'agriculture se réunissent pour débattre de la 'fameuse' Politique Agricole Commune./C'est au Conseil des ministres, donc, que sont représentés les intérêts nationaux des États membres./ Et comme vous le savez sans doute, chaque État membre assure, à tour de rôle, pendant six mois, la présidence de la Communauté et donc du Conseil des ministres./

*The slashes correspond to the pauses in the recording.

Cassette 2 Face A

4.4 Interview avec Jacques Santer (4.16 m.)

Journaliste: *Questions par A + B:* nous allons tout de suite à Bruxelles retrouver Annette Ardisson qui reçoit ce matin M. Jacques

Santer, le successeur de Jacques Delors à la Présidence de la Commission européenne.

A. Ardisson: Monsieur le Président, bonjour.

J. Santer: Bonjour.

A. Ardisson: La passation de pouvoir avec Jacques Delors a eu lieu hier. Si je ne me trompe, c'est votre première interview depuis, depuis que vous êtes vraiment dans vos murs?

J. Santer: Exactement.

A. Ardisson: On vous connaît mal, finalement, en France. On vous connaît de nom, on commence à connaître votre visage, mais on ne sait pas bien qui vous êtes, alors, parlez-nous de vous.

J. Santer: Tout simplement, je suis euh ... j'étais premier ministre pendant plus de dix ans dans mon propre pays, pendant vingt ans au gouvernement en tant que ministre des finances, et du travail, des affaires sociales, des affaires culturelles, donc euh ... j'ai une carrière politique bien remplie; j'ai fait mes études en France, des études universitaires à Strasbourg et à Paris, faculté de droit et Sciences-Po également à Paris; donc, en plus j'ai épousé une Française, professeur de biologie à la Sorbonne à l'époque, et donc vous voyez ...

A. Ardisson: Vous êtes souvent dans notre pays, indépendamment des obligations professionnelles?

J. Santer: Certainement. J'ai ... celui qui a étudié en France a toujours un peu de son cœur qui reste en France.

A. Ardisson: Lorsque vous avez été désigné, ou à la veille de votre nomination, il y a eu des commentaires pas très aimables à votre endroit. Est-ce que vous avez été vexé par ceux qui ont cru bon d'insister sur votre côté épicurien plus que par votre côté sérieux?

J. Santer: Non, je ne ... je ne crois pas parce que c'est ... d'abord je ne briguais pas cet emploi comme vous le savez, c'était pas ma première priorité à l'époque, euh ... il y avait d'autres candidats qui n'ont pas réussi, deuxièmement c'est peut-être l'apanage des journalistes de porter un jugement sur quelqu'un qu'ils ne connaissent pas ...

A. Ardisson: Ce n'était pas les journalistes là, en l'occurrence, hein.

J. Santer: Là, c'était plutôt les journalistes si j'ai bien ... si j'ai bonne mémoire, mais d'un autre côté, je me rendais bien compte, étant donné qu'on disait qu'il y avait . . . que j'étais le second choix après l'échec d'autres candidats, bien sûr, il faut vivre avec, mais il faut bien se rendre compte que par exemple, un grand président, celui qui vient de sortir, Jacques Delors, était également à l'époque le second choix, après l'échec de M. Cheysson à l'époque il y a dix ans . . . Donc, c'est devenu un très grand président, c'est pourquoi j'ai dit tout simplement également au parlement européen: 'Jugez-moi sur mes actes', comme on l'a fait d'ailleurs dans mon propre pays au Luxembourg qui s'en est porté pas si mal.

A. Ardisson: Vous serez un président à poigne?

J. Santer: Ça, on le verra. Je serai à la tête d'une Commission qui est un collège et j'estime qu'il faut assurer la collégialité du fonctionnement de la Commission. C'est essentiel. J'ai relu les mémoires de Walter Halstein où il a insisté précisément sur cet aspect collégial de la Commission parce que si on veut avoir une . . . dans . . . que la Commission remplisse un rôle d'une Commission forte, il faut que cet esprit collégial soit assuré et là, il faut être imaginatif, je l'ai fait dans le cadre de la répartition des porte-feuilles, très imaginatif pour assurer cette collégialité.

A. Ardisson: Jacques Santer, quand Jacques Delors entamait son premier mandat de président de la Commission européenne, sa devise, c'était 'Contre l'Eurosclérose'. Quelle est la vôtre? Quel est le message fort que vous voulez envoyer?

J. Santer: Le message fort, c'est à ce moment-ci, celui de transgresser un peu le clivage qui s'est opéré – et les élections européennes l'ont bien montré dans presque tous nos États-membres – entre la perception de l'Europe dans la vie quotidienne des citoyens et d'un autre côté les hommes politiques, les acteurs de la vie économique et sociale. Donc il faut bien chercher à retrouver, à conquérir, à reconquérir un peu l'opinion, euh . . . l'opinion publique pour leur faire comprendre qu'il n'y a pas d'alternative possible à l'heure actuelle vis-à-vis de la construction européenne et ça c'est . . . ça c'est un . . . une tâche très forte, peut-être pas si simple, mais si on veut y réussir, il faut aller droit aux problèmes qui préoccupent les gens à l'heure actuelle . . . la croissance, l'emploi, la compétitivité de nos entreprises, la récupération de nos parts de marché, l'entrée dans la société de l'information avec les nouvelles technologies modernes et tout ça, ça c'est également l'Europe.

4.7 Chronique: visite de Jacques Chirac en Grande-Bretagne (2.31 m.)

Bernard Guetta: Bonjour. La reine déroule le tapis rouge. Jacques Chirac a tenu, de son côté, à réserver à la Grande-Bretagne la troisième de ses visites d'état après les États-Unis et le Vatican, bref on se ménage, se cajole et se flatte, mais autant le dire puisqu'après tout ce n'est pas si grave, nous nous agaçons. Nous agaçons les Britanniques, car leur économie, comme le notait lundi le *Financial Times*, était nettement plus forte que la nôtre à la fin de la guerre et que nous sommes aujourd'hui la quatrième puissance économique du monde, trois rangs devant la Grande-Bretagne. Les Britanniques, eux, nous agacent, car nous les voudrions à nos côtés, en alliés naturels et de cœur, et qu'ils boudent l'Europe, et n'ont cessé durant toute la guerre froide et jusqu'aujourd'hui, ou en tout cas jusqu'hier, de coller aux Américains et de permettre ainsi aux États-Unis de diviser pour régner en Europe occidentale. Mais la première des raisons pour lesquelles les relations franco-britanniques sont traditionnellement aigres-douces et qui fait en même temps néanmoins converger aujourd'hui nos deux pays est que nous nous ressemblons très profondément. L'une et l'autre, la Grande-Bretagne et la France sont d'anciennes puissances coloniales, d'anciens empires, habitués à être présents sur tous les continents, toujours liés au monde par la permanence de ce passé et naturellement enclins à penser monde et à se sentir concernés d'Afrique en Asie, de Bosnie au Proche-Orient par tout ce qui se passe à la surface du globe. Peu de pays participent de cet universalisme et cela fait notamment une différence fondamentale avec l'Allemagne, dont l'horizon historique se limite à l'Europe dont elle est le centre et que le souvenir du nazisme empêche de se projeter politiquement au-delà de ses frontières. Cette différence se retrouve naturellement dans la structure même des forces armées britanniques et françaises dotées toutes deux de l'arme atomique, toutes deux tournées vers les interventions lointaines et que la professionnalisation des régiments français va encore rapprocher. Comme la Grande-Bretagne, la France veut demeurer une puissance mondiale et si cela les a longtemps mises en rivalité, cela est en train de les rapprocher car ni l'une ni l'autre ne veut d'une Europe helvétique, neutraliste, absente de la scène internationale et qui les contraigne à l'effacement. La France veut au contraire d'une Europe puissante qui la prolonge et relaye son action, la Grande-Bretagne hésite, encore crispée sur une conception insulaire de sa souveraineté, hostile donc à l'Europe politique et à la monnaie commune, infiniment moins européenne que la France, mais cependant consciente qu'elle ne peut, comme la France, à peu près rien seule, qu'elle ne peut plus être le porte-avions des États-Unis et qu'il lui faut d'autant plus impérieusement jouer avec les Français en Europe que l'unification a fait de l'Allemagne la première puissance du continent. Tout conduit ainsi à l'affirmation d'une connivence franco-britannique destinée à recentrer et façonner l'Europe.

Journaliste: Merci Bernard Guetta.

4.8 Interprétation de liaison: discussion sur le thème de la ville (5.00 m.)

Hubert: J'aimerais bien revenir à nos provinciaux et notre Parisienne ici. Est-ce que vous constatez des différences entre Paris et la province?/*

Didier: Ben ... moi je peux déjà oui en parler parce que moi je trouve que c'est un peu injuste que le gouvernement dépense énormément d'argent sur Paris/et donc si Paris a des monuments, attire beaucoup de gens, c'est un petit peu une volonté du gouvernement, puisque c'est le siège des institutions,/alors que c'est vrai qu'à Lille ou à Lyon ou dans les autres villes de province, il y a beaucoup moins d'investissement de la part du gouvernement./

Hubert: Mais est-ce que justement il n'y a pas un effort de décentralisation qui s'est effectué au cours des dernières années?/

Marie: Je crois que, justement, on pensait qu'avec les grandes lignes de TGV ça allait changer les choses, et que c'est l'effet inverse qui s'est produit/ c'est-à-dire que ça a permis à de plus en plus de gens qui habitaient en province de travailler à Paris .../et c'est l'effet inverse de ce qui était attendu, finalement./

Édith: Des gens que je connais à Paris, beaucoup, beaucoup vont en province maintenant,/et c'est quelque chose à quoi ils auraient jamais pensé, il y a cinq ans ... mais maintenant ils le font .../

Hubert: Qu'est-ce qui les attire en province, c'est la qualité de la vie?

Édith: Le travail, la qualité de la vie./Le fait que les appartements sont moins chers et simplement que la vie est plus facile un petit peu en province./

Jocelyne: Est-ce qu'il est plus difficile de trouver des emplois en province ou bien à Paris?/

Édith: Il y a toujours beaucoup d'emplois à Paris./Il y a énormément de sociétés, mais de plus en plus, je crois ça se décentralise petit à petit./

Didier: Oui, je crois justement, comme disait donc Édith … je crois la … les prix des bureaux à Paris qui deviennent un petit peu trop chers/et donc les entreprises déménagent en province/et je crois que pour les cadres aussi, c'est plus avantageux puisqu'on dépense beaucoup moins pour son logement.

*The slashes correspond to pauses on the tape.

Chapitre 5 Écrire un récit et savoir le lire

5.1 Micro-campus: lire pour son plaisir (4.11 m.)

Hubert: Bon, je prépare une émission sur les lectures préférées des Français et je voudrais connaître un peu vos goûts en matière de lecture. Marie, quel genre de livres, vous lisez d'habitude?

Marie: Euh … alors je lis surtout, je lis des romans de voyage, des bibliographies*, des pièces de théâtre, et surtout ma préférence va au roman contemporain, plutôt.

Hubert: Qu'est-ce qui vous attire dans le roman contemporain?

Marie: J'aime bien avoir des histoires et des personnages auxquels je peux m'identifier … un peu comme quand on voit un film qui vous plaît au cinéma, c'est-à-dire qu'on fait partie de l'histoire finalement … au bout d'un moment, et on vit la vie des personnages, en fait, avec eux …

Hubert: D'accord.

Marie: Donc, voilà pourquoi ça me plaît.

Hubert: D'accord. Très bien. Et vous Yves, qu'est-ce que vous lisez comme livres?

Yves: Eh bien, grosso modo, j'ai deux sortes de lecture: les lectures qui font passer vite le temps et les lectures qui réciproquement font passer le temps assez lentement. Alors pour faire passer vite le temps, ce sont ceux qu'ils appellent en français les polars, ça veut dire le roman policier.

Hubert: D'accord oui ...

Yves: Et ce qu'il faut savoir, c'est que le roman policier français est organisé d'une façon un petit peu différente de ce que l'on trouve en Angleterre. Vous avez dans le système français, par exemple, un juge d'instruction qui décide que vous êtes coupable d'un crime et alors il faut se disculper ... se disculper, et voilà, l'intrigue va tourner autour de ce fait.

Hubert: D'accord. Vous pensez à des auteurs particuliers?

Yves: J'aime surtout ..., enfin je suis en train de relire Simenon, l'Inspecteur Maigret et tout ça ... qui évoque ma vie à Paris.

Hubert: Les classiques quoi! Vous lisez un livre en ce moment?

Yves: Oui, actuellement je lis autre chose. Je suis en train de relire également Boris Vian. C'est un auteur plus ou moins surréaliste, pour ne pas dire hyperréaliste, et le roman que je suis en train de lire s'appelle *L'Arrache-Cœur*.

Hubert: D'accord. Ça parle de quoi, ce roman?

Yves: Eh bien c'est donc surréaliste ... la narrative n'est pas conventionnelle, ce n'est pas début, milieu, fin, mais c'est plutôt le rêve, une dérive et il n'y a pas d'intrigue, mais il se passe des choses fort bizarres.

Hubert: Ça ne s'adresse pas à un public trop intellectuel?

Yves: Absolument pas. On peut s'y prendre à presque tous les niveaux. C'est comme ... c'est presque comme du cinéma. Chaque personne qui lit le roman y apporte quelque chose de très personnel comme chaque personne qui voit un film, a une expérience tout à fait personnelle également. Donc ce n'est pas trop difficile.

Hubert: Bon, très bien. Et vous, Marie, qu'est-ce que vous lisez en ce moment?

Marie: Alors en ce moment, je lis un livre qui s'appelle *La petite marchande de prose*. C'est en fait ... ça fait partie d'une série de quatre livres, écrits par Daniel Pennac qui est donc un romancier contemporain. L'action se situe à Belleville qui est un quartier populaire de Paris, à notre époque, en '94, '95.

Hubert: Dans quel milieu, ça se passe?

Marie: Euh, c'est plutôt populaire . . . c'est une famille, euh . . . comment dirais-je, c'est une famille avec énormément d'enfants et c'est raconté par le personnage principal qui est donc le frère aîné de cette famille. Euh . . . il aborde des sujets . . . C'est drôle tout en abordant des sujets comme le racisme, la disparition de certains quartiers de Paris, la vie de tous les jours d'une famille qui place . . .

Hubert: Est-ce qu'on s'attache aux personnages?

Marie: Oui, les personnages sont très attachants. On les retrouve donc dans les quatre livres différents.

Hubert: D'accord.

Marie: Donc, euh, c'est un plaisir à chaque fois de voir l'évolution des personnages.

Hubert: Vous allez lire toute la série?

Marie: Euh, oui . . . C'est mon intention, oui.

Hubert: Ah bon d'accord, très bien. Est-ce que vous connaissez aussi les classiques comme Molière, par exemple?

Marie: Euh, oui. Je disais tout à l'heure que je lisais des pièces de théâtre dont quelques pièces de théâtre modernes, et je trouve que Molière est un des classiques qui est vraiment facile à lire, et bien que ce soit une satire de l'époque, à laquelle ça a été écrit, certains aspects de cette satire sont encore valables aujourd'hui, et on retrouve aujourd'hui, le même humour finalement, qui fonctionne toujours.

Hubert: D'accord. Donc c'est toujours contemporain . . . d'une certaine façon . . .

Marie: C'est toujours contemporain . . . très adapté à notre époque finalement, par certains côtés.

* 'bibliographies': Marie voulait dire 'biographies'.

5.4 Interview avec Michel Tournier (7.21 m.)

J. Chancel: Michel Tournier, en peu de livres, vous avez construit une œuvre, et on va regarder chacun des titres, et vous allez me donner quelques repères: *Vendredi ou les limbes du Pacifique*, c'est le premier livre, écrit à quarante-deux ans, et qui a obtenu le prix de . . .

M. Tournier: Et c'est un . . . ce qu'on l'on appelle vulgairement un 'remake' de Robinson Crusoé, n'est-ce pas?

J. Chancel: De Robinson Crusoé . . . oui mais il y a Vendredi, et Vendredi, c'est le tiers-monde.

M. Tournier: Oui. Ah ben ça alors, j'ai fait Vendredi . . . Si vous voulez le problème était le suivant: faire un roman qui soit à la fois mythologique et d'une actualité brûlante, car les mythes ne m'intéressent que dans la mesure où ce sont les mythes du Français de la fin du vingtième siècle. Qu'on ne me parle pas de mythes des îles océaniques ou de l'antiquité. J'ai beaucoup de respect et d'admiration pour Claude Lévi-Strauss ou pour Dumézil, mais moi, c'est pas mon problème. Mon problème, c'est l'homme d'aujourd'hui: le Français. Mais il faut en même temps qu'il y ait un mythe, c'est-à-dire quelque chose qui le soulève hors de lui-même et qui lui donne un statut et une forme, qui donne un statut et une forme à ses rêves les plus flous et souvent les plus inavouables. Alors je suis tombé sur Robinson Crusoé. Je l'ai lu et je me suis aperçu qu'il s'agissait d'un mythe. Pourquoi? Parce que le brave Daniel Defoe qui a publié ça, rappelons-le, en 1719, était à cent milles lieues de se douter de la signification de ce qu'il écrivait. Il suffit d'en prendre quelques exemples: Robinson Crusoé, qu'est-ce que c'est? C'est l'île déserte, d'accord. Mais pour Daniel Defoe, l'île déserte, c'était une chose horrible. C'était la chose asociale, la chose païenne et vraiment l'enfer, c'est cela l'île déserte. Mais pour nous, hommes du vingtième siècle, c'est autre chose, c'est aussi le contraire, c'est-à-dire le paradis, c'est-à-dire la vie simple, la plage, le bain de soleil, tout le côté Club-Méditerranée . . .

J. Chancel: L'exil souhaité.

M. Tournier: L'exil souhaité, les vacances. Comment voulez-vous que le brave Daniel Defoe ait la moindre idée des vacances, du nudisme. L'idée du nudisme était absolument impensable pour Daniel Defoe: c'était un puritain anglais du début du dix-huitième siècle; mais même le bricolage, Robinson est le patron des bricoleurs, il fait tout lui-même avec ses mains, n'est-ce pas? Pour Daniel Defoe, c'était horrible d'être obligé de faire tout soi-même. C'était à une époque où l'on était servi, un homme qui faisait les choses lui-même était un misérable. On laissait tomber son mouchoir, on faisait venir un valet pour le ramasser, hein? Eh bien, être obligé de tout faire soi-même, eh bien, c'est un des rêves de l'homme d'aujourd'hui, n'est-ce pas? Le bricolage, c'est un des . . . une des formes du paradis de faire les choses soi-même, de tailler son arc, d'allumer son feu avec des silex, de faire cuire sa nourriture, de chasser les choses que l'on va chasser, et pêcher les choses que l'on va manger. Vous voyez comme Daniel Defoe a été complètement débordé par son truc. Et c'est la raison pour laquelle on n'a pas cessé de réécrire . . . Robinson Crusoé n'a pas seulement été traduit dans toutes les langues, il a été réécrit dans toutes les langues, et des dizaines de fois, à commencer par le français. Il y a *L'île mystérieuse* de Jules Verne; il y a *Suzanne et le Pacifique* de Giraudoux, il y a *Images à Crusoé* de Saint John Perse . . .

J. Chancel: Oui, mais *L'île mystérieuse*, c'est autre chose quand même il y a un bateau aussi . . .

M. Tournier: Non, justement pas. Il y a un bateau dans Daniel Defoe,

J. Chancel: Oui, dans Daniel Defoe, il y a un bateau . . . voilà oui, c'est ça.

M. Tournier: Et dans *L'île mystérieuse*, il y a un ballon, et pourquoi?

J. Chancel: Et un ballon, voilà, c'est ça.

M. Tournier: Parce que Jules Verne a lancé un défi à Daniel Defoe. Il a dit, en quelque sorte sans le dire, mais enfin ça ressort de son livre, il a dit à Daniel Defoe: 'Bon d'accord, toi, tu as donné à ton personnage un bateau qui était bourré d'outils, de livres, de semences, c'était vraiment la civilisation qui était avec toi. En plus, tu as donné à ton personnage une île qui était florissante, fertile, où il y avait des animaux. Bon et finalement, qu'est-ce qu'il a fait ton Robinson Crusoé? Il a élevé des chèvres. Bon, moi, Jules Verne, je suis l'homme de l'industrie et de la science et de la technique. Alors premièrement, mes personnages n'auront pas de bateau, ils vont arriver dans un ballon. Mieux que cela, ils vont être obligés de couper la nacelle du ballon, ils vont arriver accrochés au filet. Ils vont tomber sur une île, qui ne sera pas du tout une île verdoyante, sur un rocher battu par les flots. Et alors là, on a l'impression quand ces personnages, les personnages de Jules Verne, arrivent dans cette île qu'ils retroussent leurs manches, n'est-ce pas, comme des prestidigitateurs et qu'ils disent: 'Rien dans les mains, rien dans les poches. Et maintenant vous allez voir ce que vous allez voir'. Et alors, c'est un festival extraordinaire d'inventions.

J. Chancel: Mais, vous imaginez-vous, Michel Tournier, Robinson Crusoé devenu vieux, qui s'ennuie entre son épouse et ses petits-enfants, alors va-t-il se laisser mourir au milieu de tous ces gens médiocres qui l'entourent et qui ignorent le secret ensoleillé de sa belle aventure? Un jour, il n'y tient plus, il frête un navire et il repart; il veut retourner dans son île. Des années passent, et alors, à leur grande surprise, ses concitoyens le voient revenir cassé, ruiné, éperdu. Alors l'île, c'est un point d'interrogation: introuvable, il l'a cherchée, il l'a cherchée avec l'énergie du désespoir. Rien, disparue, disparue comme ses cheveux, ses dents, son bel appétit, disparue comme sa jeunesse. Alors quelle est la moralité?

M. Tournier: Il n'y a pas de moralité.

J. Chancel: Je n'aurais jamais dû m'éloigner de mon arbre, chantait Brassens.

M. Tournier: C'est une histoire immorale et triste, et d'ailleurs, ça ne fait pas partie du roman *Vendredi ou la vie sauvage*, et encore moins de la version pour les jeunes.

J. Chancel: *Vendredi ou la vie sauvage* pour les enfants ...

M. Tournier: Et encore moins de la version pour les jeunes. Et je dois dire qu'il m'est arrivé une fois, dans une école, de raconter cette histoire aux enfants. Et je dois dire qu'ils ont été tellement consternés, j'ai cru qu'ils allaient me foutre à la porte, tellement cette histoire les a révoltés. Il faut dire, n'est-ce pas, il y a le détail important, Robinson Crusoé rentré chez lui, en Angleterre, n'est-ce pas, devenu vieux, a une énorme nostalgie de son île. Il veut y retourner. Il la cherche, il ne la trouve pas. Et alors le mot, le fin mot est celui-ci: il dit 'Elle a disparu' et quelqu'un lui dit: 'Mais, non, elle n'a pas disparu, mais si tu l'as trouvée.' 'Comment je l'ai trouvée?' 'Mais oui, tu es passé à côté, mais tu ne l'as pas reconnue, parce qu'elle a vieilli ton île, elle a fait comme toi: les arbustes sont devenus des arbres, les arbres sont tombés, tout a changé en trente ou quarante ans.' Et il ajoute ceci, qui est affreux: 'Et toi, quand tu es passé devant ton île, crois-tu qu'elle t'a reconnu avec la gueule que tu as aujourd'hui?' Oui, mais vous comprenez, c'est une histoire affreuse que je ne raconterais pas à des enfants. Ça, j'ai mis ça dans mon recueil *Le Coq de bruyère*. C'est un peu, disons, une variation nouvelle sur le thème de Robinson Crusoé.

J. Chancel: Oui, mais alors là, vous me parlez de Robinson Crusoé, vous ne me parlez pas de Vendredi.

M. Tournier: Ah ben si, ben oui mais alors là, justement, c'est l'aventure de Robinson Crusoé. Alors vous dites 'Quelle est la morale de cette histoire?' Si, il y en a quand même une. C'est qu'il faut se garder de la tendance que nous aurions tous à retourner sur des lieux d'enfance et en général, dans des endroits où nous avons été heureux . . .

5.7 Récit: *Le Petit Prince* de Saint-Exupéry (3.10 m.)

St.-Exupéry: J'ai ainsi vécu seul, sans personne avec qui parler véritablement, jusqu'à une panne dans le désert du Sahara, il y a six ans. Quelque chose s'était cassé dans mon moteur. Et comme je n'avais avec moi ni mécanicien, ni passagers, je me préparai à essayer de réussir, tout seul, une réparation difficile. C'était pour moi une question de vie ou de mort. J'avais à peine de l'eau à boire pour huit jours.

Le premier soir, je me suis donc endormi sur le sable à mille milles de toute terre habitée. J'étais bien plus isolé qu'un naufragé sur un radeau au milieu de l'océan. Alors vous imaginez ma surprise, au lever du jour, quand une drôle de petite voix m'a réveillé.

Petit Prince: S'il vous plaît . . . dessine-moi un mouton!

St.-Exupéry: Hein!

Petit Prince: Dessine-moi un mouton . . .

St.-Exupéry: J'ai sauté sur mes pieds comme si j'avais été frappé par la foudre. J'ai bien frotté mes yeux. J'ai bien regardé. Et j'ai vu un petit bonhomme tout à fait extraordinaire qui me considérait gravement. Je regardais cette apparition avec des yeux tout ronds d'étonnement. N'oubliez pas que je me trouvais à mille milles de toute région habitée. Or mon petit bonhomme ne me semblait ni égaré, ni mort de fatigue, ni mort de faim, ni mort de soif, ni mort de peur. Il n'avait en rien l'apparence d'un enfant perdu au milieu du désert, à mille milles de toute région habitée.

St.-Exupéry: Mais . . . qu'est-ce que tu fais là?

Petit Prince: S'il vous plaît . . . dessine-moi un mouton.

St.-Exupéry: Quand le mystère est trop impressionnant, on n'ose pas désobéir. Aussi absurde que cela me semblât à mille milles de tous les endroits habités et en danger de mort, je sortis de ma poche une feuille de papier et un stylographe. Mais je me rappelai alors que j'avais surtout étudié la géographie, l'histoire, le calcul et la grammaire et je dis au petit bonhomme (avec un peu de mauvaise humeur) que je ne savais pas dessiner. Il me répondit:

Petit Prince: Ça ne fait rien. Dessine-moi un mouton.

St.-Exupéry: Comme je n'avais jamais dessiné un mouton je refis, pour lui, l'un des deux seuls dessins dont j'étais capable. Celui du boa fermé.

Petit Prince: Non! Non! je ne veux pas d'un éléphant dans un boa. Un boa c'est très dangereux, et un éléphant c'est très encombrant. Chez moi c'est tout petit. J'ai besoin d'un mouton. Dessine-moi un mouton.

St.-Exupéry: Alors j'ai dessiné.

Petit Prince: Non! Celui-là est déjà très malade. Fais-en un autre. Tu vois bien ... ce n'est pas un mouton, c'est un bélier, il a des cornes ... Celui-là est trop vieux. Je veux un mouton qui vive longtemps.

St.-Exupéry: Alors faute de patience, comme j'avais hâte de commencer le démontage de mon moteur, je griffonnai ce dessin-ci. Ça, c'est la caisse. Le mouton que tu veux est dedans.

Petit Prince: C'est tout à fait comme ça que je le voulais! Crois-tu qu'il faille beaucoup d'herbe à ce mouton?

St.-Exupéry: Pourquoi?

Petit Prince: Parce que chez moi, c'est tout petit ...

St.-Exupéry: Ça suffira sûrement. Je t'ai donné un tout petit mouton.

Petit Prince: Pas si petit que ça ... Tiens! il s'est endormi ...

St.-Exupéry: Et c'est ainsi que je fis la connaissance du petit prince.

Cassette 2 Face B

Chapitre 6 L'enquête: interviews et questionnaires

6.1 Micro-campus: attitudes des jeunes (4.46 m.)

Hubert: Alors, Marie, vous avez travaillé en Angleterre en tant que lectrice, dans une université anglaise?

Marie: Hum.

Hubert: Vous avez aussi travaillé dans un lycée anglais, je crois?

Marie: Oui, c'est ça, oui.

Hubert: Euh ... Est-ce que vous pouvez un petit peu me parler des différences que vous avez découvertes au niveau des jeunes ... les attitudes, les habitudes et cetera ...

Marie: Euh ... une des choses qui m'a frappée, c'est que, en Angleterre, les jeunes sont beaucoup moins attachés à leur famille, peut-être.

Hubert: Hum.

Marie: Euh ... quand ils partent à l'université, c'est vraiment une coupure, par rapport à leur famille.

Hubert: Hum, hum.

Marie: Ils sont plus indépendants, et je crois qu'à cause de ça, il y a une vie étudiante qui est beaucoup plus importante, en fait.

Hubert: D'accord.

Marie: On sent vraiment une communauté étudiante qu'on trouve pas en France.

Hubert: D'accord. Au niveau du travail, est-ce qu'ils ont plus de chance en Angleterre ou ...?

Marie: Euh ...

Hubert: Au niveau des ressources par exemple, du matériel qui est mis à leur disposition?

Marie: Oui, à l'université, ils ont beaucoup plus de ressources et de moyens mis à leur disposition . . .

Hubert: En Angleterre?

Marie: Oui, en Angleterre, par rapport à la France.

Hubert: D'accord.

Marie: Euh . . . le travail est beaucoup . . . qu'on demande en France, est beaucoup plus scolaire aussi, on a beaucoup moins de . . . de liberté dans ce qu'on fait.

Hubert: D'accord, oui.

Marie: Et on n'a pas du tout les mêmes rapports avec les enseignants et . . .

Hubert: Vous pouvez préciser un petit peu ce . . . les rapports entre les enseignants et les profs . . . et les étudiants ici par exemple?

Marie: Dans la plupart des universités en France, on a des classes de cinquante élèves et les enseignants connaissent pas les prénoms, même les noms des élèves alors qu'ici on peut s'adresser directement à son professeur si on a un problème.

Hubert: D'accord.

Marie: Et on a vraiment des rapports, euh . . . avec les professeurs.

Hubert: D'accord. Euh . . . pour ce qui est de de l'apprentissage des . . . des langues en Angleterre, est-ce que ça se passe comme en France?

Marie: Euh . . . j'ai l'impression qu'ils pensent que c'est pas très, très important, moins important qu'en France. En France, on se sent obligé d'apprendre l'anglais et de savoir parler anglais.

Hubert: Hum, hum.

Marie: C'est vraiment un des buts de . . . de l'étudiant.

Hubert: D'accord.

Marie: Alors qu'ici, on on se dit 'de toute façon je parle anglais et tout le monde parle anglais, donc c'est pas très grave.'

Hubert: C'est un peu secondaire, c'est pas une priorité.

Marie: Oui, c'est un peu secondaire, voilà.

Hubert: Euh . . . Marie, je voudrais vous parler un petit peu de ce questionnaire qui a été lancé, en 1993, par Balladur, qui était alors premier ministre. Le questionnaire qui a été adressé à tous les jeunes de quinze à vingt-cinq ans, alors euh ... est-ce que vous pouvez me dire, comment c'est arrivé, ce questionnaire, qu'est-ce qui a précédé un petit peu, quel était le contexte dans lequel se situe ce questionnaire?

Marie: Oui, donc ça a été euh ... c'est arrivé après des manifestations, c'est-à-dire il y avait un malaise dans les lycées et les universités; les étudiants protestaient pour avoir plus de professeurs, plus d'argent, plus de moyens justement.

Hubert: Hum, hum.

Marie: Et ça a été un petit peu ... il y a eu un effet boule de neige, c'est-à-dire que c'est devenu de plus en plus important ...

Hubert: D'accord.

Marie: Et le gouvernement a décidé de poser ... de demander leur avis aux jeunes.

Hubert: Hum, hum.

Marie: Et donc ils ont mis en place ce questionnaire qui a été envoyé ...

Hubert: D'accord. C'est un questionnaire qui a été bien reçu? Quelles ont été les réactions immédiates des étudiants?

Marie: Je crois qu'il y avait vraiment une attente des jeunes: ils se sont dit 'Enfin, on va finalement pouvoir dire ce qu'on en pense, au niveau national ...

Hubert: Hum, hum.

Marie: ... le gouvernement est prêt à nous écouter', et puis quand le questionnaire est arrivé, ils se sont rendu compte que c'étaient des questions très vagues qui finalement n'apportaient rien ...

Hubert: Hum, hum.

Marie: Et ... il y a eu une très grosse déception en fait de ce côté-là.

Hubert: D'accord. Et ça a donné des suites, ce questionnaire? Est-ce que ça a débouché sur des mesures concrètes au niveau du gouvernement?

Marie: Non, on a eu les résultats chiffrés, en fait, des réponses, mais c'est tout. Après, ça s'est arrêté, il y a eu un changement de gouvernement et ... c'est là que ça s'est arrêté.

Hubert: D'accord, très bien. Et enfin Marie, je voudrais vous poser quelques questions sur, bon ... votre séjour en Angleterre.

Est-ce que vous avez euh … pris de nouvelles habitudes en Angleterre, par exemple au niveau de la nourriture?

Marie: Je crois qu'on a une approche différente des repas, c'est-à-dire qu'en général on s'assoit pas à table pour un repas, on grignote comme ci … par-ci, par-là dans la journée.

Hubert: Alors qu'en France, c'est une institution.

Marie: Alors qu'en France … oui, même si on est jeune et étudiant, en général on s'assoit pour manger, on prend plus de temps, je crois, on consacre plus de temps à la nourriture en France.

Hubert: D'accord, très bien … et au niveau de la vie étudiante alors … est-ce qu'on sort plus en Angleterre ou en France? Comment ça se passe?

Marie: Oui, je crois qu'on sort plus facilement, c'est-à-dire qu'en Angleterre quand on retrouve des amis, on les retrouve au pub …

Hubert: Oui.

Marie: Alors qu'en France, on invite plutôt les gens chez soi, pour manger ou même pour boire un coup, mais on se retrouve les uns chez les autres.

Hubert: Est-ce que …

Marie: On sort moins.

Hubert: Est-ce que ça veut dire que les les Anglais sont moins accueillants que les Français? Plus fermés?

Marie: Non, je crois pas. Je crois que c'est simplement une vision des choses différente … c'est pas une habitude de recevoir les gens chez soi … ou c'est exceptionnel.

Hubert: D'accord, très bien.

6.3 Interview avec Janine Mossuz-Lavau: les Français et la politique (6.12 m.)

A. Ardisson: Janine Mossuz-Lavau, bonjour.

J. M.-L.: Bonjour.

A. Ardisson: Vous êtes directrice de recherche au CNRS et à la Fondation Nationale des Sciences Politiques et vous publiez, chez Odile

Jacob, une enquête intitulée 'Les Français et la politique'; une enquête qui tient à la fois de la recherche en sciences politiques et du reportage. Parlez-nous déjà de la méthode.

J. M.-L.: Eh bien, je suis allée dans diverses régions de France, magnétophone en poche, pour écouter très longuement les Français dans des entretiens en profondeur qui duraient en général une heure et demie, et j'ai vraiment essayé dans ce livre de leur donner la parole parce qu'effectivement, avec cette méthode, on peut trouver des choses que ne donnent ni les sondages ni les faits divers à l'opposé, et je prendrai simplement un exemple pour qu'on voit bien le genre d'informations qu'on peut recueillir avec cette méthode dans laquelle les gens se sentent en confiance parce qu'on les écoute et parce qu'on les écoute longuement. C'est celui d'un électeur du Front National de Mulhouse, un ouvrier que j'ai interviewé là-bas, et qui me racontait qu'il avait une pelouse sous ses fenêtres, et que sur cette pelouse de jeunes Maghrébins venaient jouer au foot et que ça le gênait beaucoup, et donc il m'a raconté, parce que je l'écoutais sans le juger, sans intervenir moi-même, que pour s'en débarrasser, il a commencé par aller répandre de l'huile de vidange de camion sur la pelouse, que ça n'a pas suffi et donc, m'a-t-il dit: 'J'ai pris des verres, plein de verres et j'ai cassé ces verres et j'ai porté tous les tessons de bouteilles sur la pelouse, et ça, ça a été efficace.' Alors ça, ça vous donne une idée effectivement de ce qui peut se passer après, entre deux communautés, et qui est très grave, mais ça n'a pas débouché sur une affaire de sang, donc ça n'est pas apparu dans les faits divers; et ça n'est pas dans les sondages non plus que vous allez savoir que ce type de pratique peut être mis en œuvre.

A. Ardisson: Donc, c'est une étude de comportements politiques que vous avez faite sur un échantillon, quand même, un peu scientifique?

J. M.-L.: Voilà, absolument, c'est-à-dire, c'est une soixantaine de personnes, ce qui pour une enquête qualitative, est assez important, c'est un échantillon qu'on appelle significatif puisqu'il comprend des gens de tous les milieux, de tous les âges, moitié hommes, moitié femmes, et diverses régions de France.

A. Ardisson: Alors le premier renseignement, Janine Mossuz-Lavau, premier renseignement qui est rassurant pour la démocratie et pas très rassurant pour nos hommes politiques, c'est que, contrairement à ce qu'on dit souvent, il n'y a pas de rejet de la politique en ce moment, mais il y a un rejet de l'offre, il y a un rejet des hommes politiques qui tiennent le haut du pavé.

J. M.-L.: Voilà, tout à fait, c'est-à-dire que les Français ne sont absolument pas dépolitisés, ils se préoccupent au contraire très fortement de toutes les affaires de la collectivité, de ce qui se passe autour d'eux, de ce qui se passe dans le monde, des problèmes et ils sont passionnés par tout ce qui est, au fond, les enjeux, les grands problèmes et les solutions qu'ils voudraient leur voir apporter.

A. Ardisson: Mais eux-mêmes, ont-ils des solutions de rechange?

J. M.-L.: Alors, eux-mêmes n'ont pas forcément des solutions de rechange, mais en tout cas, ce qu'ils récusent, c'est les hommes politiques, les partis, qui, en face, dans ce qu'on appelle au fond l'offre électorale, ne prennent pas en compte ces problèmes et se livrent à ce qu'ils n'aiment pas, c'est-à-dire les jeux politiciens.

A. Ardisson: Que vous disent-ils, par exemple?

J. M.-L.: Alors, ils me disent que les hommes politiques ne pensent qu'à eux, qu'ils sont dévorés d'ambition, qu'ils ne pensent qu'à leur carrière et que finalement ils les considèrent, et je crois que ça, c'est vraiment quelque chose de très profond qu'il faut retenir, qu'ils les considèrent comme des bulletins de vote qu'il faut à un moment ou à un autre conquérir parce qu'on veut être réélu et on veut être réélu à vie, mais non pas comme des êtres humains qui ont des problèmes, ont des souffrances, voient des problèmes autour d'eux, voient des gens qui vont mal et qui aimeraient qu'on leur apporte des solutions.

A. Ardisson: Alors, ce qui est frappant aussi, Janine Mossuz-Lavau, c'est qu'il y a un paradoxe, une recherche d'unanimisme, un refus de la guerre entre les factions, entre les partis, et en même temps, vos interlocuteurs, dès que vous leur posez la question gauche–droite, ils s'identifient tout de suite.

J. M.-L: Ah oui, complètement.

A. Ardisson: Ça ne leur pose aucun problème de conscience.

J. M.-L.:   Oui complètement, et c'est pour ça que, dans ce livre, j'ai fait toute une partie qui s'appelle la force des identités parce que, contrairement à ce qu'on a trop tendance à raconter, le clivage gauche–droite, il n'est absolument pas dépassé. La grosse majorité des Français est à droite, à l'extrême-droite, à gauche ou écologiste, a une identité et chacune de ces identités correspond à un système de croyances, de convictions, d'aspirations extrêmement fortes et qui s'opposent point par point, les unes aux autres. Le discours de droite, c'est à la fois arrêter l'immigration, se livrer vraiment . . . faire plus d'efforts, faire plus d'efforts; c'est vraiment un langage de l'effort, et puis réhabiliter la famille et le patrimoine: la famille qui est scellée par son patrimoine; ça, c'est très important dans le discours de droite. Et dans le discours de gauche, je dirais les idées principales, c'est au contraire se battre contre la xénophobie, c'est réduire les inégalités sociales, c'est essayer de respecter un petit peu plus le développement personnel, l'épanouissement des gens et c'est aspirer à plus de démocratie, c'est-à-dire plus de consultation, plus de participation: je crois qu'on peut le résumer comme ça.

A. Ardisson: Et que disent les Français des affaires? Est-ce qu'il y a une différence déjà entre hommes de droite–hommes de gauche, hommes–femmes?

J. M.-L.:   Alors, hommes de droite–hommes de gauche: au fond pas tellement parce que les affaires ont choqué tout le monde, il faut le dire, mais moi, j'ai trouvé une différence entre les hommes et les femmes en ce sens que, bon si tout le monde est choqué par les affaires, les hommes ont un peu plus tendance à passer l'éponge parce qu'ils disent en fait: 'Il fallait bien payer les affiches' donc, et ils ont tendance à dire: 'Il faut tourner la page maintenant' et puis à renvoyer dos à dos la gauche et la droite en disant: 'Après tout . . .' Il y a déjà un interviewé qui me disait: 'Au fond tout le monde en a croqué, alors maintenant passons l'éponge, tournons la page', et les femmes, elles alors, sont complètement révulsées par cette relation étroite entre l'argent et la politique. Elles, elles n'acceptent pas, elles ont une espèce d'exigence éthique qui est plus forte du fait, je crois aussi, qu'elles sont plus novices en politique et moins familières au fond des réalités du fonctionnement des partis politiques.

6.7 Sondage: valeurs et sports (2.47 m.)

Y. de la Bigne: Vous savez qu'il y a de plus en plus de marques qui, pour faire parler d'elles, euh ... organisent des sondages.

Journaliste: Oui, bien sûr, oui.

Y. de la Bigne: C'est une bonne façon de se faire de la publicité; bon, c'est pas idiot pour nous parce que ça coûte cher et que les médias peuvent pas toujours s'en offrir, et bon, c'est un travail, un instrument de travail intéressant. Alors je voudrais vous parler du baromètre Mac-Génération CSA, mis en place par MacDonald l'année dernière – il fallait vraiment ça pour parler d'eux – et cette année, le thème c'est le sport avec deux, trois éléments qui méritent d'être signalés.

Tout d'abord sur la transmission des valeurs: pour les enfants aujourd'hui comme pour les parents, la première valeur, c'est le respect des autres, ce qui révèle pas mal de choses, même si les actes, à mon avis, ne correspondent pas toujours aux paroles, mais bon. Il ne semble pas, vraiment, qu'on soit plus respectueux aujourd'hui qu'avant, enfin je pense pas, mais en tout cas, au moins on en a l'envie ...

Journaliste: C'est déjà ...

Y. de la Bigne: C'est déjà pas mal, et, indication encore plus étonnante, c'est que l'esprit de compétition qui était, quand même, le grand vainqueur des années Tapie ...

Journaliste: Disparaît ...

Y. de la Bigne: Aujourd'hui, il arrive en dernière position.

Journaliste: Ah oui, oui.

Y. de la Bigne: C'est quand même incroyable, même chez les enfants, ce qui est quand même étonnant, hein, des enfants de huit-dix ans. Alors par contre, le sens de la justice, du partage, se maintient très bien, bon. Deuxième élément sympathique: nous mettons beaucoup d'espoir dans nos enfants, et ça, c'est bien. Les Français, soixante-sept pour cent des Français – donc ils sont beaucoup plus nombreux qu'il y a deux, trois ans – pensent que nos enfants vont changer la société.

Journaliste: Oui, heureusement.

Y. de la Bigne: Ça, c'est bien.

Journaliste: Oui, oui.

Y. de la Bigne: C'est un bel élément. Quant aux enfants, ils ont confiance aussi en l'avenir, d'une certaine façon ...

Journaliste: Est-ce qu'ils y croient eux-mêmes?

Y. de la Bigne: Ben oui, puisque les deux-tiers ont envie de devenir adultes, ce qui est bon signe, je veux dire.

Y. de la Bigne: Côté sport maintenant. Alors là, c'est amusant. On s'é-tonne de voir qu'en fait les disciplines préférées des Français sont individuelles et peu violentes.

Journaliste: Devant la télévision?

Y. de la Bigne: C'est très étonnant ... il y a le patinage ...

Journaliste: Oui.

Y. de la Bigne: ... la gymnastique et l'athlétisme.

Journaliste: Oui, d'accord.

Y. de la Bigne: En opposition au rugby et au foot qui n'ont pas du tout la cote.

Journaliste: Ah oui!

Y. de la Bigne: Alors là aussi, c'est amusant parce que − c'est ce que je vous disais tout à l'heure − les gens disent des choses qu'ils font pas parce que ...

Journaliste: Oui, c'est ce que j'allais dire, ça ne se confirme pas vraiment ...

Y. de la Bigne: Quand vous voyez les foules qui envahissent les stades, il y a manifestement ... mais une fois de plus, c'est l'idée, euh, ... que ... que ...

Journaliste: L'idée est là.

Y. de la Bigne: Voyez! Bon. Par contre, autre chose d'intéressant, c'est qu'il y a un plus grand choix aujourd'hui. Nos grands frères, ils faisaient ... quoi? Du foot et du judo au choix, terminé. Aujourd'hui, les enfants se partagent en une multitude de disciplines: natation, tennis, des tas de choses avec tout de même une grande préférence, la grande tendance d'aujour-d'hui, c'est le basket. Très, très, très à la mode, c'est vraiment le grand sport, et alors autre grande tendance, c'est ce qu'on appelle le sport sauvage, c'est-à-dire le basket de rue et le roller, parce les jeunes peuvent faire du sport tout en se mettant à l'écart d'une autorité, et ça aussi c'est intéressant.

Journaliste: Ah oui.

Y. de la Bigne: C'est quand même une nouvelle façon ... Donc si on avait cru que le roller, c'était une petite mode comme ça, qui allait passer ... eh bien non, c'est râpé, c'est un vrai phénomène de société qui roule ...

Journaliste: Ça vous dit ça, le roller, vous?

Y. de la Bigne: Ouais, sympa.

Journaliste: Vous allez repartir comme ça?

Chapitre 7 Du gag au scénario

7.1 Micro-campus: l'humour (7.03 m.)

Hubert: Voilà, sur le sujet de l'humour, j'aimerais savoir ce qui vous fait rire: est-ce que c'est les émissions à la télévision? Les blagues? Les ... Jocelyne, qu'est-ce qui vous fait rire particulièrement?

Jocelyne: Moi, j'ai le rire facile.

Hubert: Oui.

Jocelyne: Alors je suis peut-être pas la bonne personne pour parler d'humour ou bien, je ris de tout, je ris du comportement que j'anticipe, par exemple, quand on est dans une situation et qu'on voit qu'on pense que quelqu'un va faire quelque chose, alors là je pense à ça, et si je vois la personne faire la chose, alors ça, ça me fait rire ... donc c'est pas grand chose hein, je vous dis, j'ai le rire facile.

Hubert: Est-ce que c'est un humour plutôt visuel qui ... qui vous attire, qui vous plaît?

Jocelyne: Oui, mais pas les mimiques, pas les mimiques, pas comme Louis de Funès, là.

Hubert: Comme les grimaces etc ...?

Jocelyne: Non, ça pas du tout ... c'est plutôt comportemental, c'est quand on reconnaît le comportement de quelqu'un et que la personne ou le comédien va faire ce comportement-là, c'est ça qui me fait rire, puis entre autres, il y a quelque chose qui ne me fait pas rire du tout par exemple, c'est *Monsieur Bean*. Je sais que ça fait rire beaucoup de personnes, mais moi, mais pas du tout, mais vraiment pas du tout.

Hubert: Moi, particulièrement, ça me fait beaucoup rire. Didier aussi?

Didier: Moi, ça me fait rire aussi oui, mais justement comme disait Jocelyne, je crois que c'est vrai que les situations . . . par exemple, ce matin en venant dans le métro, il y avait une dame qui était un peu guindée, qui marchait à hauts talons et puis sur le tapis roulant sa chaussure est restée coincée, donc elle a continué à marcher, sa chaussure est restée sur le tapis roulant et j'ai trouvé ça très drôle.

Jocelyne: Ah oui . . .

Didier: Mais alors, comme tous les gens étaient pressés et bon évidemment britanniques, j'étais le seul à regarder et tout le monde faisait semblant que ce n'était pas arrivé et tout le monde continuait, elle-même d'ailleurs.

Hubert: Mais c'est un humour méchant ça? C'est rire aux dépens des autres?

Didier: Non . . . mais c'est cocasse parce qu'il nous arrive à tous des petites aventures comme ça et je crois qu'il faut en rire parce que c'est drôle.

Jocelyne: Et on peut être capable de rire de soi aussi . . . moi je ris beaucoup de moi-même.

Hubert: Oui.

Jocelyne: Ah oui . . . c'est pas méchant, c'est . . .

Hubert: Édith, qu'est-ce qui vous fait rire, vous?

Édith: J'aime beaucoup l'absurde, euh . . . les *Monty Python* sont très doués pour ça, *Sacré Graal*, c'est très, très drôle, c'est juste des mouvements qui font . . . je me souviens dans *Sacré Graal* à un moment, il y a des moines qui passent et (*rires*) ils sont en train de prier, et ils sont en file les uns derrière les autres et à chaque fois ils disent un mot et euh . . . en fait, ils rythment leur prière par une espèce de plaquette en bois qu'ils se collent sur le front . . .

Hubert: Mais, c'est complètement absurde ça!

Édith: Justement. C'est tellement absurde, c'est tellement fou . . . que c'est . . . enfin je trouve ça hilarant.

Didier: Ah oui, vraiment? Alors tu vois, moi, c'est le genre de truc qui me laisse complètement impassible et au contraire, je trouve ça, quand je vois ça à la télé, ou j'éteins ... et je ne suis pas du tout fan de ce genre d'humour ...

Hubert: Alors, justement, Marie, ça vous fait rire, ce genre d'humour?

Marie: Alors moi, au contraire, ça me fait rire, ce genre de situation, des choses complètement idiotes quoi, et c'est le genre de choses que quand on raconte, on a du mal à faire rire les autres parce que finalement c'est très difficile à expliquer quoi, et je crois que c'est assez particulier ...

Didier: Mais justement, tu dis toi-même, tu utilises le mot idiot.

Marie: Ah oui, c'est idiot.

Didier: Donc on peut faire n'importe quoi alors ...

Marie: Non, mais il y a une limite, je crois. Il y a des choses qui sont idiotes et qui ne font pas rire. Alors comment situer la limite?

Édith: Il y a un film qui ne m'a pas fait rire du tout, c'était *Dumb et Dumber* et pourtant ça c'est vraiment complètement absurde et idiot, mais c'est pas drôle.

Hubert: L'humour américain?

Édith: Des fois c'est drôle, l'humour américain.

Hubert: Et en Angleterre, à la télévision, est-ce qu'il y a des émissions récentes qui vous ont fait rire?

Marie: Je trouve qu'en Angleterre, il y a beaucoup d'humour qui est basé en fait sur des jeux de mots ou des ... de l'humour très pince-sans-rire, des choses, des gens très sérieux qui finalement ...

Hubert: Voilà, j'ai l'impression que c'est aussi un humour un peu cynique en Angleterre.

Marie: Oui, c'est ça.

Didier: Oui, oui.

Hubert: Très pinçant, très acide un peu.

Marie: Oui.

Jocelyne: Et c'est difficile à saisir au début. Parce que moi, comme je ne suis pas ici depuis longtemps, on fait des blagues ou on utilise l'humour et comme je ne saisis pas, on est obligé de me dire après 'c'était une blague'.

Marie: Oui, je crois que c'est vraiment une tournure d'esprit, c'est assez difficile de prendre . . .

Didier: Mais je crois aussi que les jeux de mots, c'est souvent difficile à saisir parce que moi, j'aime beaucoup Raymond Devos, et il joue beaucoup sur les mots, et euh . . . pour mes amis anglais, ils comprennent absolument rien, j'ai beau leur expliquer, leur traduire. Ils me disent 'tu trouves ça drôle?'

Marie: Oui, on peut pas . . . Ça perd toute traduction . . .

Didier: Ça n'a pas les mêmes rapports avec la langue, peut-être hein?

Édith: Mais ça prend beaucoup de temps. Je sais que j'ai essayé de regarder *Have I Got News for You* euh . . . et ça fait cinq ans maintenant et je commence tout juste à comprendre et je me tords de rire, je me roule par terre des fois, tellement c'est drôle, mais ça prend du temps, parce qu'il y a des références culturelles.

Marie: Oui, c'est ça.

Édith: L'humour tient à ça aussi, aux références culturelles, aux jeux de mots et et . . . et c'est très, très difficile de . . . rentrer dans ça.

Dider: En France, ce serait la même chose avec les *Guignols* . . . *les Guignols de l'info*.

Marie: Oui, ça c'est très, très opaque en tout cas pour quelqu'un qui ne connaît pas la civilisation française et . . .

Hubert: Moi, je trouve que l'humour français a plutôt tendance à faire rire; que . . . c'est de la farce plutôt, un humour un peu burlesque, un peu forcé peut-être, un peu indulgent? Vous êtes d'accord?

Didier: Moi, je suis pas tout à fait d'accord parce que si tu regardes l'humour qu'on trouve dans les bandes dessinées par exemple, que ce soit les *Bidochons*, que ce soit Claire Brétecher, ce sont des gens qui peuvent se moquer d'eux-mêmes, de leur environnement social, donc, c'est plutôt une satire, je dirais sociale presque.

Hubert: D'accord, oui.

Jocelyne: Moi, j'aime beaucoup l'idée de relier à la culture ou satire sociale. Nous, on a une émission qui s'appelle *La petite vie* qui fait rire tout le monde, les intellectuels comme des gens qui n'ont aucune instruction, et on a essayé de la passer en France, ça n'a pas marché du tout en France.

Marie: Ah oui.

Jocelyne: Par ailleurs, en Belgique, ils se sont retrouvés ... on doit avoir plus de rapprochement avec les Belges qu'avec les Français, mais effectivement il y a un côté culturel et social et si on l'a pas, on regarde, mais c'est pas drôle.

Didier: Moi, je ne sais pas ... en parlant de Belgique, il y a une histoire qui me revient ... qui me revient à l'esprit ...

Édith: Pas une histoire belge ...

Didier: Ben ...., je suis désolé (*rires*), mais je crois que c'est caractéristique de nos amis belges et donc c'est un Belge qui va à Londres avec son petit garçon, il va au zoo de Londres et le petit garçon ... il lui montre des animaux, et le petit garçon, c'est la première fois qu'il va au zoo, et il voit une girafe et il dit 'Papa, papa – qu'est-ce que c'est?' Eh bien, le Belge dit 'Mais enfin, c'est un dangerous'. Il dit 'Ah bon? c'est un dangerous, ça? ah bon!' Ensuite, il voit un éléphant et il dit 'Papa, papa – qu'est-ce que c'est?' et le Belge il dit, 'Enfin, c'est un dangerous' et ensuite il voit un rhinocéros et il dit 'Mais papa, qu'est-ce que c'est? C'est un dangerous aussi?' Il dit: 'Mais bien sûr'; il dit: 'tu n'as pas vu à la porte, c'est écrit "All the animals are dangerous".'(*rires*)

7.3 Sketch de Raymond Devos: la protection des espaces vides (2.45 m.)

R. Devos: J'ai la force de l'imagination, c'est fabuleux. Parce qu'avant, je faisais du mime; avant ... j'ai complètement arrêté, je faisais, je mimais celui qui fume une cigarette, alors ça donnait ceci, n'est-ce pas ... et ça plaisait beaucoup ... alors les gens m'en réclamaient une autre ... alors j'en mimais une autre ... et j'arrivais à en mimer cinq ou six dans ma soirée comme ça avec les rappels ... Et puis un soir, le directeur m'a dit: 'Ce soir, mettez le paquet, il y a des fumeurs dans la salle'. Alors j'ai mimé tout le paquet. Un triomphe! Alors tous les soirs, j'arrivais à mimer mon paquet, je ne pouvais plus m'en passer. Alors quand j'ai commencé à mimer la toux, j'ai arrêté: j'allais pas me mimer la santé, mais la force du mime, le pouvoir évocateur ... tenez, rien que d'avoir évoqué une cigarette ... tenez, regardez ... il y a de la fumée dans l'air. Alors ça il faut effacer tout ça, il ne faut pas laisser de traces parce que ... parce qu'il faut éviter de polluer les espaces vides, il n'y a pas que les espaces verts qu'il faut protéger, les espaces vides aussi, parce que vous avez des artistes, les mimes en particulier: ils évoquent des choses comme